frases célebres de niños 3

frases célebres de niños 3

El Hormiguero

AGUILAR

cuatro

2010, Santillana Ediciones Generales, S. L.
Torrelaguna, 60. 28043 Madrid
Teléfono 91 744 90 60
Telefax 91 744 90 93
www.librosaguilar.com
aguilar@santillana.es

Diseño de cubierta: Cristina Macarro
Ilustraciones de interiores: El Orfanato
Frase de bocadillo de cubierta delante: Darío, 6 años
Fotografía de cubierta: Pedro Menéndez

Primera edición: noviembre de 2010

ISBN: 978-84-03-10037-4
Depósito legal: M-40.989-2010
Impreso en España por Gráficas Rógar, S.A., Navalcarnero (Madrid)
Printed in Spain

PRÓLOGO

El libro que tienes en tus manos es la tercera entrega de una obra singular. Una vez más, los niños toman la palabra para hacernos reír y ayudarnos a recuperar parte de esa inocencia infantil que nunca debemos perder del todo. Quizá por eso siempre nos arrancan una sonrisa, cuando no una carcajada de gracia genuina, limpia, de la que sale del corazón humano espontáneamente.

En sus páginas, además de divertirnos, encontraremos esa chispa natural con la que Pablo Motos y sus múltiples protagonistas tratan de hacernos la vida más alegre, más desenfadada. Es un auténtico regalo contar con personas dedicadas a arrancarnos sonrisas con la participación de los familiares que han querido compartir con nosotros momentos simpáticos vividos con sus hijos.

Algunos niños que nacen con enfermedades crónicas, como la fibrosis quística, también vienen cargados de sonrisas, enseñándonos a los padres y a las madres que la vida debe afrontarse con buen ánimo siempre. Así las dificultades serán menos complicadas, y los malos momentos nunca harán sombra a los buenos. El libro nos trae ese mensaje de felicidad, de disfrute de la vida, que sólo los niños son capaces de comunicar con toda sencillez.

Además de divertirnos, tenemos la fortuna de que los derechos de autor vayan destinados a la investigación en fibrosis quística, para ganar día a día terreno a esta enfermedad, y lograr que a ningún niño, joven o adulto le arrebate la sonrisa. Los fondos obtenidos con los libros de la serie *Frases célebres de niños* han permitido a la Federación

Española de Fibrosis Quística poner en marcha las «Becas a la Investigación Pablo Motos». Gracias a ellas, más grupos de investigadores están trabajando para mejorar la calidad de vida, y curar algún día esta grave enfermedad.

Es un gran ejemplo de generosidad, de grandeza humana. Precisamente por eso tenemos que agradecer a todo el equipo de *El Hormiguero* su derroche de imaginación para que terminemos el día olvidando los problemas, ofreciéndonos un encuentro lúdico, jugando y riendo; y mostrándonos, además, su capacidad de transmitir, con gran naturalidad, la cultura de la vecindad solidaria para con las personas que viven en dificultad.

La lectura del libro nos hará pasar, sin duda, ratos agradables, y sobre todo nos llenará de satisfacción la sensación de que además de estar escrito para deleitarnos, está ayudando al tiempo a personas con una enfermedad. Puede parecer arte de magia. Se ha logrado poner magia a la solidaridad.

Ahora, dejemos que la magia de la inocencia de este libro nos permita ser más nosotros y nosotras, sonriendo a la vida.

TOMÁS CASTILLO ARENAL
Presidente de la Federación Española de Fibrosis Quística

Álvaro, 4 años

Una noche su mamá le hizo una tortilla para cenar y se fue al salón a ver la tele. A los cinco minutos fue Álvaro al salón y su mamá le preguntó: «¿Ya te has comido la tortilla?». Y Álvaro le respondió: «Sí, mamá, pero no mires en la basura».

Diego, 6 años

Un día entró en el cuarto de baño y vio un salva-slip fuera de la caja. Muy preocupado, le preguntó a su madre: «Mamá... ¿dónde te vas a poner esa tirita tan grande?».

Álex, 5 años

Estaba viendo la tele en Semana Santa y salió la Procesión del Silencio de Sevilla. Álex se quedó alucinado con los nazarenos y le dijo a su madre gritando: «¡Mamá, mamá, Batman existe!».

Claudia, 3 años

Estaba Claudia en el baño porque iba a hacer caca y le dijo a su madre con cara de esfuerzo: «Cierra la puerta que se va a liar...».

Luis, 5 años

Un día fue al Pilar de Zaragoza y su madre le dijo que rezara a la Virgen. Y Luis, muy convencido de a quién quería rezar, dijo: «Yo no le rezo a la Virgen, yo quiero rezarle al señor *colgao*».

Juan, 3 años

Estaba su abuela ayudándole a hacer pis y Juan la salpicó toda, y ella le dijo: «¡Juan, pero mira cómo me has puesto!». Y Juan le contestó: «¡Abuela, como tú no tienes pito, no sabes cómo funciona esto!».

Andreu, 4 años

Andreu acompañó a su madre embarazada de ocho meses a hacerse una ecografía. Cuando salió el bebé en la pantalla, la ginecóloga le dijo: «Mira, Andreu, éste es tu hermano Albert». Andreu preguntó: «¿Y qué está haciendo?». La ginecóloga le contestó: «Está nadando». Y Andreu se volvió hacia su madre y le dijo sorprendido: «¡Mira, mamá, Albert ya nada sin manguitos!».

Paola, 2 años

Un día entró en la habitación de sus abuelos y se quedó mirando fijamente un crucifijo que había en la pared. Su abuela se dio cuenta y le dijo: «Es un Cristo». Y Paola se volvió hacia su abuela y le dijo alucinada: «¡Está bailando la jota!».

Pablo, 3 años

Un día, cuando volvió del cole, les dijo a sus padres: «La profe está muy contenta con todos los nenes». «¿Y cómo lo sabes?», le preguntaron sus padres. Pablo respondió: «Porque nos lo ha dicho hoy». Sus padres le siguieron preguntando: «¿Y qué es lo que os ha dicho?». Y Pablo contestó: «¡Contenta me tenéis todos!».

Gonzalo, 3 años

Un día le dijo su abuela: «Gonzalo, me ha dicho un pajarito que el otro día en el cole...». Y sin dejar que acabara de hablar, Gonzalo le soltó: «¡Qué manía con los pajaritos que dicen cosas!».

Daniel, 5 años

Estaba con sus padres en un bar y en la tele estaban echando vídeos musicales. Después de ver un vídeo de Paulina Rubio, le dijo a su madre, asombrado y en voz alta: «¡Mamá, no me la he tocado y se me ha hecho grande!».

Samuel, 5 años

Estaba Samuel discutiendo con su hermana de 7 años, y su madre le escuchó decir: «¡Que te doy un puñetazo!». Su madre le riñó: «Samuel, las cosas no se solucionan pegando, sino hablando». Y Samuel contestó: «Pero si yo estoy hablando, le estoy diciendo que si no me devuelve el juguete, le doy un puñetazo».

Álvaro, 4 años

Estaba con sus padres en la puerta de un parque de atracciones para sacar las entradas. Los niños a partir de 4 años ya pagaban, y sus padres le dijeron: «Si te pregunta el de la puerta, le dices que tienes 3 años y así no tienes que pagar». Y entonces Álvaro se puso a llorar desconsolado y dijo: «¡¡Yo no quiero ser gratis!!».

Celia, 8 años

A Celia le dio por juntarse más con una niña de su clase, y le preguntó a su madre un día: «Mamá, a mí me gusta Violeta y a Violeta le gusto yo: ¿Somos "italianas"?».

Clara, 8 años

Su padre le preguntó un día, antes de Navidad: «¿Ya le has escrito la carta a Papá Noel?». Y Clara respondió: «¿Para qué? Si siempre me trae lo que él quiere, va a su bola».

Laura, 4 años

Estaba con su madre en casa y se estaba metiendo el dedo en la oreja. De repente lo sacó, se lo miró y dijo alucinada: «Mamá, ¡tengo miel!».

Álvaro, 3 años

Estaba Álvaro con su padre y dijo de repente: «Me he *tirao* un *peo*». A lo que su padre contestó, corrigiéndole: «Me he tirado un pedo». Y Álvaro, sorprendido, le dijo: «¿Tú también, papá?».

Marcos, 7 años

Marcos tenía que hacerse unos análisis. Cuando le pincharon lloró mucho, y le preguntó a su madre: «¿Por qué me han pinchado?». Y su madre le contestó: «Pues para ver si estás malito». Y Marcos dijo llorando desconsolado: «¡Pues haberme preguntado!».

Marina, 3 años

Después de pasar un día en casa al cuidado de la abuela, su madre descubrió horrorizada que todo el reposabrazos del sofá estaba manchado de verde. Muy enfadada le preguntó a Marina: «Marina, ¿me puedes decir por qué está el sofá pintado de verde?». Y ella muy seria respondió: «Pues la verdad es que no tengo ni idea, porque yo lo he pintado de amarillo».

Lucía, 7 años

Lucía todavía se confunde al leer, y siempre mira lo que hay para comer el día siguiente en el comedor escolar. Hace poco, cuando llegó a casa después del cole, le dijo a su madre: «Mamá, mañana es el día de Australia en el comedor del cole». Y su madre le preguntó: «¿Sí? ¿Y qué hay de comer, canguro?». Y Lucía contestó, confundida: «No, fabada australiana».

Carla, 3 años y medio

Estaba su madre en la cocina y Carla, para avisarle de que su hermano de 4 meses se había despertado, dijo: «Mamá, el cachorro humano está llorando».

Irene, 8 años

Un día estaba haciendo los deberes, se atascó y empezó a gritar: «¡¡¡¿Alguien me ayudaaa?!!!». Y como nadie respondía, aclaró: «Y con "alguien me ayuda" quiero decir: ¡Mamáaaaaa!».

Verónica, 3 años

Un día Verónica llamó a su abuela al móvil y le saltó el contestador, que decía: «El teléfono al que llama está apagado o fuera de cobertura». Su madre le preguntó: «Verónica, ¿qué dice la abuela?». Y Verónica contestó: «Nada, que está con contracturas».

Marina, 4 años

Estaba pasando un día en el campo y vio una vaca haciendo pis y le dijo a su madre: «¡¡¡Mamá, ya sé de dónde sale la cerveza!!!».

Edgar, 7 años

Su hermano recién nacido estaba llorando y Edgar le dijo: «No llores. Si yo ya sé que lloras porque estás calvo, yo también he pasado por eso...».

Lucía, 6 años

En un examen de Matemáticas le preguntaron: «Tienes 30 caramelos, una amiga te pide 15 y un amigo te pide 18, ¿puedes dárselos?». Y la respuesta de Lucía fue: «No, porque no lo han pedido por favor».

José Antonio, 9 años

José estaba en la iglesia con su padre y vieron una monja con un móvil y su padre comentó: «Mira qué monja más moderna». Y José dijo: «Es que está esperando la llamada de Dios».

Jorge, 9 años

Un día estaba viendo las noticias y le preguntó Jorge a su padre: «¿Quién es Sarkozy?». «Es quien manda en Francia. Y ¿sabes quién manda en España?», le preguntó su padre. Y Jorge respondió: «El rey». «No, el rey nos representa», le dijo su padre. Y Jorge le preguntó, extrañado: «Pero, quien nos representa, ¿no es Chikilicuatre?».

Miguel, 5 años

Un día le dijo Miguel a su madre: «Mamá, yo no quiero casarme». «Bueno y ¿por qué no?», le preguntó su madre. Y dijo Miguel: «Porque ninguna tiene las tetas como en las revistas».

Daniel, 4 años

Daniel le dijo a su madre: «Mamá, ¿a que cuando estamos contentos el corazón se mueve más rápido?... Claro, como no tenemos rabo como los perros...».

Frases célebres de niños 3

Nacho, 4 años

Le trajeron un traje para una boda y su madre le dijo: «Nacho, ven, que te vamos a probar el traje para la boda». Nacho se puso a llorar muchísimo y su madre le preguntó: «Pero, Nacho, ¿qué te pasa?». Y Nacho contestó: «¡Que no me quiero casar!».

Diego, 3 años

Una noche Diego no quería irse a dormir y quería que le contasen un cuento. Su madre le dijo: «Vale, pero uno corto: "Esto era una señora llamada María Sarmiento que se fue a cagar y se la llevó el viento"». Y Diego se quedó pensativo unos segundos y dijo muy seriamente: «Pero ¿a quién se llevó el viento: a la señora, a la mierda o a las dos?».

Diego, 6 años

Un día lluvioso estaba Diego en casa de su abuela y de repente empezaron a oírse truenos, y Diego se asomó a la ventana y dijo: «¡Mira, abuela, están cayendo truenos y centollos!».

Eric, 5 años

A Eric le encantan las pelis de *Star Wars* y siempre está hablando de las espadas láser y todo eso. El otro día iba en la parte de delante del autobús y en la parada entró una monja con un hábito negro, y dijo Eric todo emocionado: «¡¡¡Mira, mamá, Darth Vader!!!».

Pablo, 2 años

La mamá de Pablo llevaba varios días ingresada en el hospital. Una mañana su padre, pensando que Pablo la echaría de menos, le dijo: «Venga, Pablo, termínate el desayuno, que nos vamos a ver a mamá». Y Pablo contestó: «Hoy me viene mal, papá. Corre Alonso».

Óscar, 7 años

Su madre le dijo un día, ya harta de que no quisiera ducharse: «Óscar, te tienes que duchar o nadie se querrá sentar a tu lado». Y Óscar le contestó: «¡Pues que se sienten enfrente!».

Conrado, 5 años

Conrado estaba con toda la familia abriendo los regalos de Navidad, y al abrir el de su tía vio que era un conjunto de ropa y dijo muy enfadado: «¡Esto no se le puede hacer a un niño!».

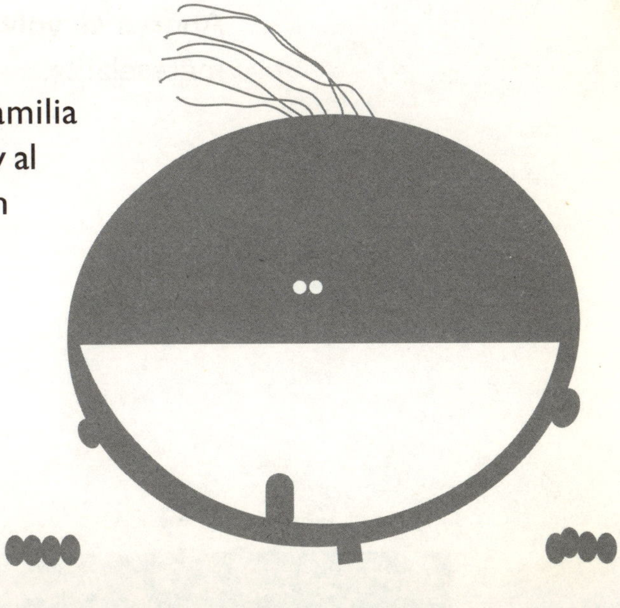

Jorge, 4 años

Estaba su padre duchándole y Jorge le dijo: «Hoy le he dicho capullo a un niño en el cole». «Jorge, aunque capullo es lo que llevan los ramos de flores o lo que hacen los gusanos de seda, cuando se le dice a una persona se convierte en un insulto», le explicó su padre. La cosa quedó así, y parecía que lo había entendido, pero al rato Jorge le preguntó a su padre: «Papi, ¿el ramo era de putas o de gilipollas?».

Noa, 2 años y 8 meses

A la hora de cambiarle de pañal, su madre siempre bromeaba sobre si la *cacota* era grande o pequeña. Un día, cuando Noa vio la caca que había hecho dijo: «Es... grandiosa».

Andrea, 3 años

Andrea se pone muy pesada con lo de tener un hermanito y un día estaba dando la lata con el tema y le preguntó a su madre: «¿Ya está en la barriguita?». «No», le contestó su madre. Y empezó a contarle la historia de que papá tiene que poner una semillita en mamá y todo eso... Y entonces Andrea se volvió hacia su padre y le dijo: «¡¡¡Venga, papá, métesela!!!».

Sergio, 9 años

Estaba diciendo la lección que había estudiado del catecismo y cuando llegó a la parte que dice: «Fue crucificado, muerto y sepultado», Sergio dijo: «Jopé, y luego dicen de los videojuegos...».

Adam, 4 años

Un día Adam estaba mal de la barriga y su madre le cambió cinco veces de ropa interior en menos de una hora. Como no quería que le pusieran un pañal de su hermana pequeña, le dijo su madre: «Cariño, te voy a poner un salva-slip y cuando esté sucio te lo quito y ya está». Pasados unos minutos, volvió Adam y le dijo a su madre: «Mami, quítame el *pergamino,* que ya está sucio».

Alberto, 5 años

Alberto estaba hablando con su hermana mayor, y ella le dijo: «Alberto, cuando yo tenga hijos, tú serás tío ¿verdad?». Entonces Alberto se puso a llorar y dijo: «¡Yo quería ser bombero!».

Marta, 7 años

Un día su abuelo compró unas gallinas. Marta se empeñó en que quería cuidar de ellas y ver cómo nacían los pollitos. La primera vez que vio a una de las gallinas poner un huevo fue corriendo a casa con el huevo en la mano y muy excitada le dijo a su madre: «¡Mamá, que el huevo ha salido sin la fecha de caducidad!».

Martín, 6 años

Estaba Martín en la bañera enjabonándose y de repente le preguntó a su madre: «Oye, mamá, ¿por qué tengo los testículos viejos si sólo tengo 6 años?».

Daniel, 5 años

Iba Dani con su papá en bicicleta, y al bajar un bordillo le dijo: «Papá, me he hecho daño en los huesos de la cola». «Dani, pero si la cola no tiene huesos...», le contestó su papá. Y Dani le dijo: «Ah, pues entonces me he hecho daño en los huevos...».

Ester, 6 años

Ester tiene muchas ganas de tener un hermanito y sus padres un día le dijeron: «Ester, si Dios lo ve bien, nos lo concederá». Y Ester dijo: «Pues si no lo ve que se ponga gafas o lentillas pero yo lo quiero tener ya».

Albert, 5 años

Un día el papá de Albert le dijo: «Hijo, ven que te mire, ¿te ha salido sangre de la nariz?». Y Albert contesta: «Ah, pues sí. Ya decía yo que los mocos no me sabían igual...».

Imanol, 5 años

Una tarde llegó el padre de Imanol muy cansado del trabajo, se sentó en el sofá y dijo: «Estoy hecho polvo, me va a estallar la cabeza...». Entonces Imanol se acercó y le dio un beso en la frente. «Gracias, cariño, ¿es para que se me cure pronto?», le preguntó su padre. Y dijo Imanol: «No, te doy un beso ahora porque luego igual ¡¡¡no tienes cabeza!!!».

Joan, 4 años

Estaba con sus padres y sus tíos en la casa de la playa, y después de comer Joan se aburría porque no podía salir a la calle todavía. Así que cogió un libro, lo abrió y puso cara de interesante. Entonces su tía le preguntó: «Pero ¿tú sabes leer?». Y Joan le contestó: «Pues claro». «A ver, ¿qué pone aquí?», le preguntó su tía. Y Joan respondió: «¡Eh, que yo leo callao, como mi padre!».

Adrián, 5 años

El otro día estaba viendo con sus padres el vídeo de su bautizo y cuando salió una imagen en la que se veía el Cristo crucificado que hay en la iglesia, dijo Adrián: «Eh, papi, ¿quién es ese muñeco que está haciendo la grulla con cara de asustado?».

Violeta, 2 años

En Semana Santa fue con sus padres a la misa de Resurrección. Cuando el coro terminó de cantar, se quedó todo en silencio y Violeta empezó a gritar: «¡¡¡Otra, otra, otra!!!».

Enric, 4 años

Sus padres le explicaron un día cómo nacían los bebés, y al acabar la explicación, dijo Enric muy serio: «Vale, ahora ya se como salen, pero... ¿cómo entran?».

Ismael, 5 años

Estaba su madre acostada y fue Ismael y le dio un abrazo. Su madre le dijo: «Ismael, cuando seas mayor, ¿me querrás igual?». «Cuando yo sea mayor tú ya te habrás muerto», le dijo Ismael. «Hombre, no te pases, yo soy mayor y mi madre está viva...», le contestó ella. Y entonces Ismael dijo: «Es que la yaya tiene mucha suerte».

Inés, 3 años

Su madre tenía que ir a hacerse un análisis de orina, y la niña, al ver el botecito de orina, preguntó: «Mamá, ¿esto qué es?». «Es pis, cariño, que tengo que llevárselo al médico», contestó su madre. Y entonces dijo Inés: «Oye, mamá, ¿y aquí te ha cabido el culo?».

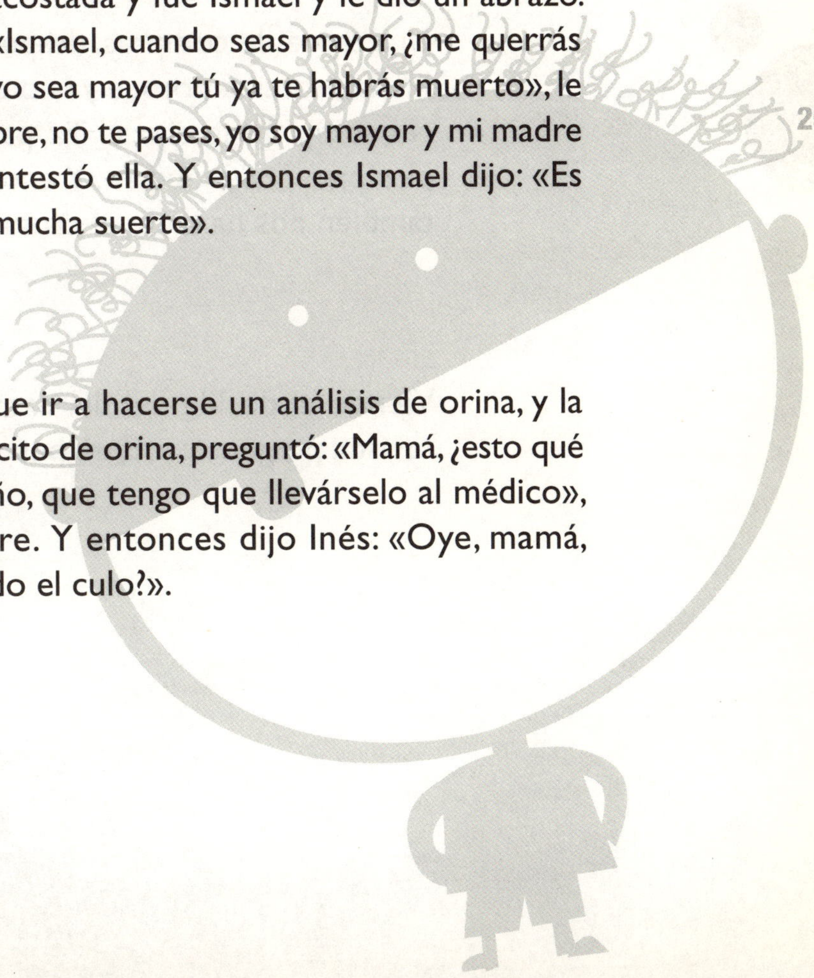

Víctor, 5 años

Mientras se bañaba le preguntó a su padre: «Papá, ¿qué pasaría si no tuviéramos huesos ni sangre?». Y sin darle tiempo a su padre, se respondió a sí mismo: «Seríamos una manta».

Carla, 7 años

Le preguntó a su madre un día: «Mamá, ¿qué es un zombi?». «Un muerto que resucita, hija», le contestó su madre. Y Carla dijo: «Entonces, Jesús es un zombi, ¿no?».

María, 6 años

Una tarde de compras, después de varias horas paseando, María protestó porque ya no quería seguir andando. Entonces su madre le dijo: «Hija, para eso nos ha dado Dios los pies: para poder andar». Y entonces dijo María: «Claro, pero también nos ha dado el cansancio...».

Marta, 2 años

Viendo el desfile del día nacional, cuando el Rey pasaba revista, preguntó: «¿Qué busca ese hombre, a su mamá?».

Icíar, 3 años

Estaba viendo la tele con su tía y salió un caballo y unas moscas que se posaban en su caca. Icíar le preguntó a su tía: «¿Qué hacen esas moscas en la caca? Es asqueroso». «Es que las moscas comen caca», le respondió su tía. Icíar siguió preguntando: «¿Y también comen pis?». «No, pis no», le contestó su tía. Y dijo Icíar, muy redicha: «Pues muy mal hecho, hay que comer de todo».

Andrea, 6 años

Se iba a celebrar el Carnaval en su cole y la niña le preguntó a su madre: «Mamá, ¿de qué se va a disfrazar el primo?». «De chino», le contestó. Y ella toda sorprendida dijo: «¿Con un casco y una moto?».

Álex, 3 años

Su papá le estaba explicando que las Hogueras de Alicante son una tradición y Álex preguntó: «¿Qué es una tradición?». «Una tradición es algo que se hace muchas, muchas veces y entonces se convierte en tradición», le contestó su padre. Y entonces Álex exclamó, todo convencido: «¡Ah! ¡Entonces hacer caca es una tradición!».

Elena, 3 años

Una mañana Elena le preguntó a su madre: «Mamá, ¿al niño Jesús le pusieron Jesús porque estornudaba mucho?».

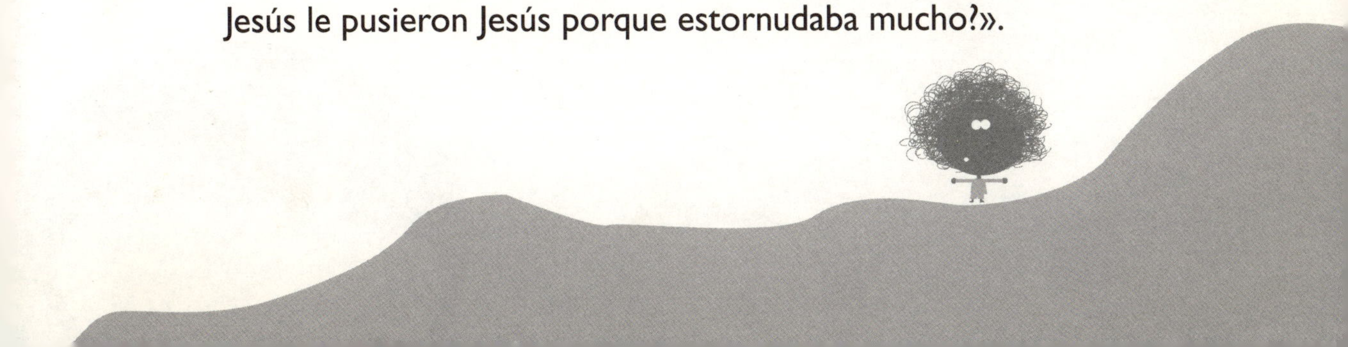

Susana, 7 años

Susana estaba muy contenta porque su madre le había regalado un perro, y toda emocionada le dio un beso y le dijo: «Mamá, eres más guapa que... que... que... ¡que una cabra!».

Mario, 2 años

Estaba Mario un día echado en el sillón tocándose la pilila, echándose hacia delante y hacia atrás la piel, y su madre le preguntó: «Mario, ¿qué haces?». Y Mario contestó: «Mira mami: abre ojo, cierra ojo».

Sergio, 4 años

Las Navidades pasadas, antes de sentarse toda la familia a cenar, le preguntaron sus padres a Sergio: «¿Dónde te quieres sentar, al lado de la tita Graci o al lado del tito Fer?». Y Sergio contestó: «Prefiero sentarme aquí, al lado de los calamares...».

Javier, 8 años

Un día su madre le riñó porque había manchado el mantel mientras comía, y Javi le dijo: «Mamá, un fallo lo tiene cualquiera». «Esto no es un fallo, esto es una porquería», le dijo ella. Y Javi contestó: «Pues una porquería la tiene cualquiera».

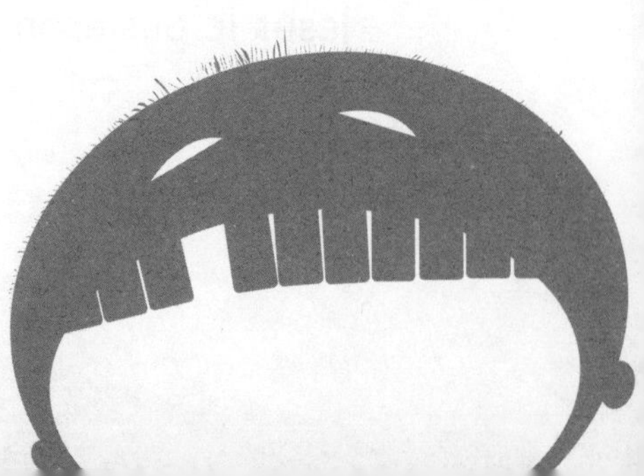

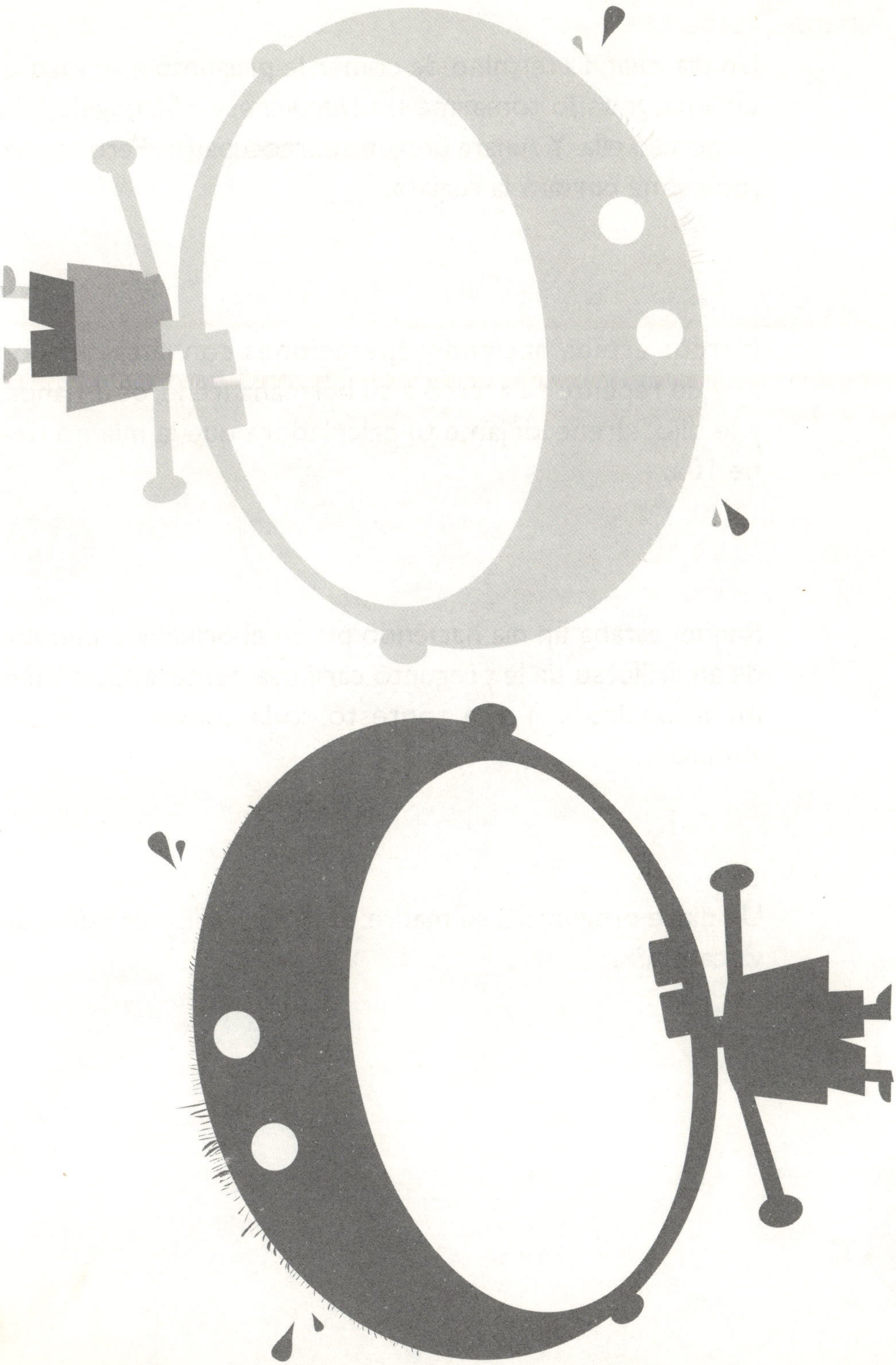

Frases célebres de niños 3

Ainara, 3 años

Un día, cuando terminó de comer, le preguntó a su madre: «Mamá, ¿puedo tomarme un *Danonino*?». «Sí, cógelo», le respondió ella. Y Ainara preguntó, preocupada: «Pero, mamá, ¿no se me cortará la regla?».

Marcos, 6 años

Marcos estaba haciendo operaciones con la calculadora y de repente se acercó a su hermana Irene, de 14 años, y le dijo: «Irene, déjame tu calculadora que la mía no tiene 10».

Raquel, 3 años

Raquel estaba un día haciendo pis en el orinal y, como iba de amarillo, su tía le preguntó cariñosamente: «¿Qué hace mi limoncito?». Y ella contestó, toda convencida: «¡Un zumito!».

Magui, 9 años

Un día le preguntó a su madre: «Mamá..., ¿Flipy es así o lleva careta?».

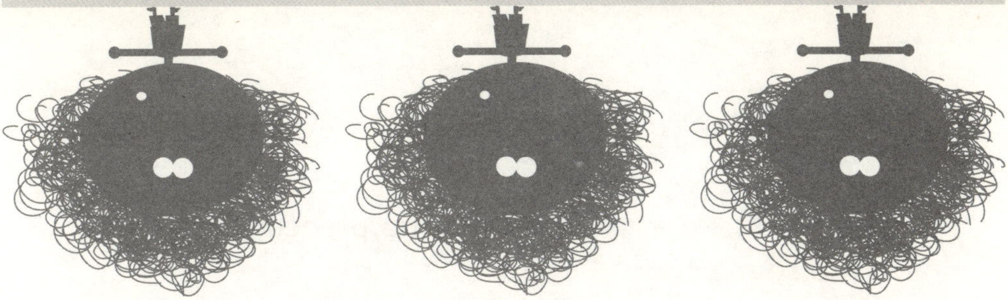

Sara, 3 años

A Sara le encanta dibujar y pintar, pero a veces lo hace en las paredes y sus padres le riñen mucho y le dicen que tiene que pintar y dibujar en una libreta. Resulta que ahora en el cole Sara está estudiando la cultura egipcia, y un día, cuando llegó a casa, soltó: «Mamá, los *egiptos* pintaban en las paredes y también escribían en las paredes... ¡Y no eran unos gamberros».

José, 4 años

Estaba en misa con su madre y su hermana, y dijo el cura: «Alabad al Señor», y José, muy serio, le preguntó a su madre: «¿Por qué hay que lavar al Señor? ¿Está sucio?».

Lorea, 3 años

Su padre le preguntó un día: «Lorea, ¿qué quieres hacer cuando seas mayor?». «Yo, ir a trabajar», respondió ella. «Ya, cariño, pero ¿trabajar en qué?», le dijo su padre. «Pues con el ordenador», contestó Lorea. «Ya, pero ¿qué vas a hacer con el ordenador?», siguió preguntando él. Y Lorea, ya cansada, respondió: «¡¡¡Pues... ver pelis!!!».

Frases célebres de niños 3

Gael, 4 años

Gael estaba hablando por el móvil con su hermana Paola. De pronto se le cayó el teléfono y rebotó varias veces en el suelo, y Gael lo cogió y dijo asustado: «Paola, ¿te has hecho daño?».

Aner, 3 años

La madre de Aner estaba embarazada y Aner le preguntó: «Amatxu..., para que el bebe salga ya ¿por dónde hay que meter el dinero?».

Rafa, 3 años

Un día Rafa entró en el baño y vio a su madre desnuda. Salió corriendo y le dijo a su padre, sorprendido: «¡Papá, mamá no tiene pito, tiene un culo con pelos!».

Jordi, 8 años

Su madre le explicó que él no iba a hacer la comunión porque ella es atea. Un día, cuando Jordi entrenaba con sus compañeros, una de las madres que había por allí le preguntó por qué no hacía la primera comunión como todos sus amigos, y él contestó: «¡Es que mi madre es diabética!».

Darío, 10 años

Su madre estaba en el baño y le dijo: «Darío, tráeme una compresa, por favor». El niño fue a buscarla y en el cajón había compresas y tampones, y le preguntó a su madre, confuso: «Mamá, las compresas ¿cuáles son? ¿Los pañales o las *pililas* con cuerda?».

Alicia, 6 años

Ésta es la nota que Alicia le dejó al ratoncito Pérez:

Ratoncito Pérez, si buscas mi dient-
e no lo vas a encontrar. Porque me
lo he tragado. por favor ¿me lo
puedes traer? un beso y un abrazo.
Alicia

Ratoncito Pérez. Si buscas mi diente no lo vas a encontrar porque me lo he tragado. Por favor, ¿me lo puedes traer? Un beso y un abrazo. Alicia.

Daniel, 6 años

En el bautizo de su hermano pequeño, cuando el cura le echó el agua en la cabeza, Daniel se levantó del banco de un salto y gritó enfadado: «¡Eh..., pero si ya lo hemos bañado esta mañana!».

Miguel, 3 años

Estaba Miguel en la ducha tocándose los cataplines y le preguntó a su padre: «Oye, papá, ¿cómo se llama esto?». «Eso se llaman testículos», le respondió él. Y entonces Miguel se puso a llorar y preguntó desconsolado: «¿Y dónde están mis pelotillas?».

Verónica, 3 años

Verónica fue en Semana Santa a ver una procesión con sus padres. Estaba todo el mundo en silencio y, cuando vio de lejos a los nazarenos con el gorro azul, empezó a gritar: «¡Mamá, que vienen los gnomos!».

Marcos, 5 años

El papá de Marcos le preguntó: «¿Sabes que yo algunas noches hablo con el niño Jesús?». A lo que Marcos contestó: «Y yo con Iron Man».

Nuño, 4 años

Nuño estaba jugando con un juguete que no funcionaba porque se le había perdido una pieza. «Le falta un muelle», le dijo su padre, «búscalo». Y Nuño dijo, medio llorando: «Pero ¡si ya lo he buscado...! Y además... ¡ni siquiera sé lo que es un muelle!».

Ana, 5 años

Estaba su padre montando unos muebles tipo Ikea, y estaba de muy mal genio, desesperado, y de repente apareció Ana por la puerta y le dijo: «¡Qué bien te lo estás pasando montando el regalo del huevo *Kinder*!».

Xiangmei, 4 años

Xiangmei no tenía claro de dónde era ella y le preguntó un día a sus padres: «Pero ¿yo nací en el hotel?». «No, hija, tú eres de China», le contestó su madre. «Pero ¿China es un hotel?», preguntó la niña. «No, hija, China es un país», le respondió la madre. «Pero ¿vosotros sois chinos?», siguió preguntando Xiangmei. «No, hija, nosotros somos españoles», le contestó su madre. Y entonces Xiangmei miró preocupada a sus padres y dijo: «Pero... ¡somos del Barça, ¿no?».

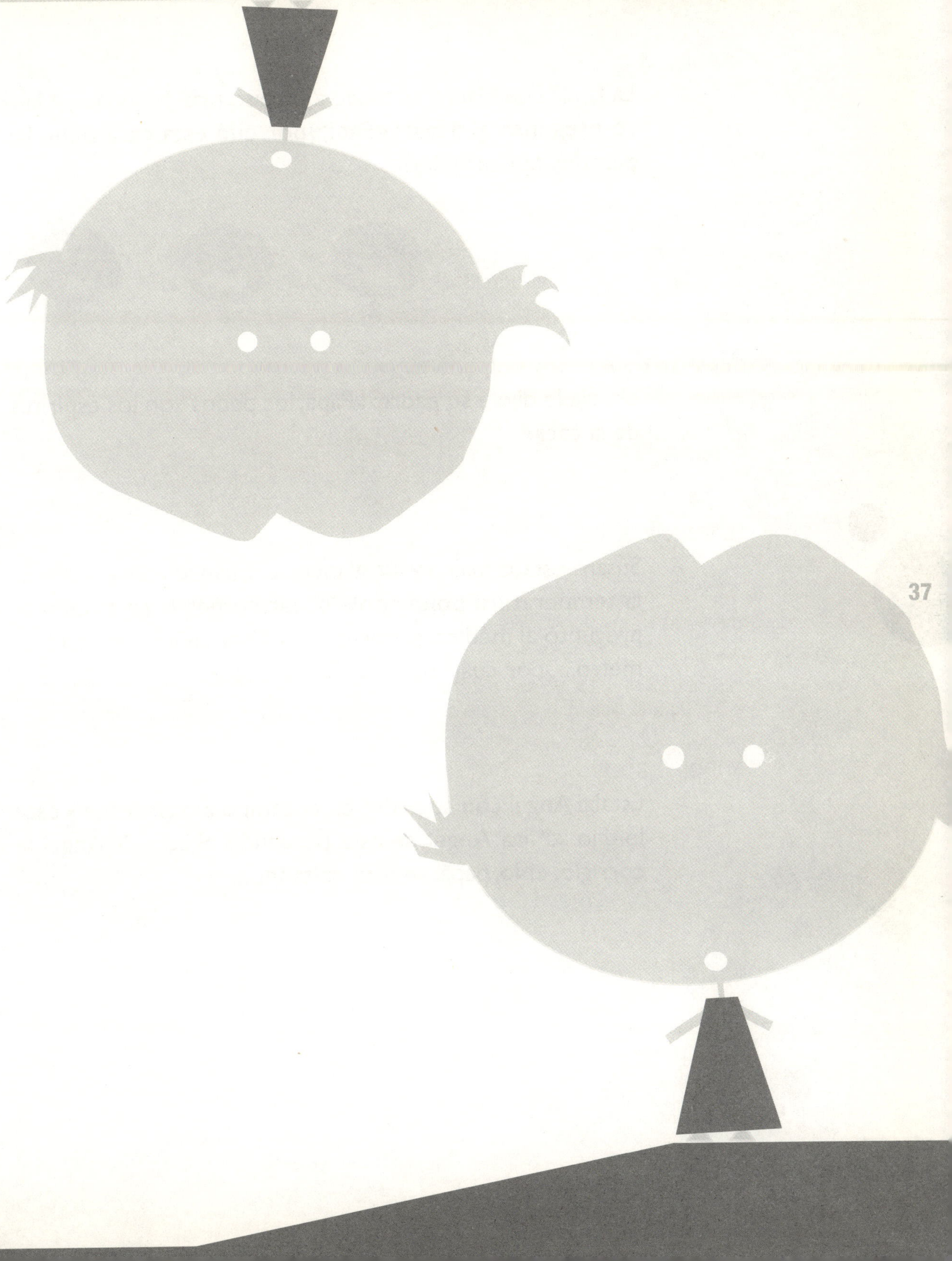

Mauro, 3 años

La familia de Mauro se mudó a un piso más pequeño y Mauro preguntó al llegar: «Papi, ¿por qué esta casa tiene las paredes tan cerquita?».

Paco, 6 años

Un día le dijo a su padre: «Papá, los pedos son los espíritus de la caca».

Susana, 9 años

Susana estaba malita y fue al médico. Cuando le iban a tomar la temperatura poniéndole el termómetro en el culo, le preguntó al médico, preocupada: «Oiga, señor, este termómetro... ¿por cuántos culos ha pasado?».

Ángel, 4 años

Estaba Ángel con su padre en el campo al atardecer y éste le dijo: «Mira, Ángel, se está poniendo el sol». Y Ángel le corrigió: «No, papá, se está quitando».

Saúl, 9 años

Un día estaba Saúl haciendo los deberes y le dijo a su madre: «Mami, dime un científico famoso, pero que no sea Flipy».

Rita, 4 años

Un día que fue con su madre a un centro comercial, le preguntó: «Mamá, ¿por qué venimos aquí?». «Para comprar un sujetador», le respondió su madre. Y dijo Rita: «Pero, mamá, ¿es que ya soy mujer?».

Leire, 3 años

Las navidades pasadas estaba Leire intentando montar las piezas de un juguete y le dijo a su padre: «Papá, ponme esto que no *sabo*». Su padre, corrigiéndola, le repitió: «No sé». Y dijo Leire, desanimada: «Yo tampoco».

Icíar, 3 años

Un día, después de recogerla en la guardería, su madre le preguntó: «¿Qué tal te lo has pasado hoy?». «Muy bien, he estado jugando con una niña nueva», le comentó ella. «¿Ah, sí? ¿Y cómo es?», preguntó la madre. Y la niña contestó: «Tiene la cara redonda y los ojos abiertos».

Toni, 7 años

Estaba Toni tocándose sus partes íntimas y cuando su madre le riñó, él le contestó: «¡¡¡Mamá, que me estoy rascando la axila de al lado de los huevos!!!».

Víctor, 3 años

Su padre estaba resfriado y con mocos y Víctor le preguntó: «Papá, ¿tienes mocos?». «Sí», le contestó él. Y Víctor dijo: «Pues mamá te los limpia...».

Andrea, 3 años

Su madre le preguntó un día si le apetecía pizza para cenar y ella contestó: «Sí, pero de las que trae el cartero».

Fernando, 6 años

Estaba comiendo, se enfadó con su mamá y llorando le dijo: «Pues ya no voy a ser más tu niño». «Perfecto, yo ya no voy a ser más tu mamá», le dijo ella. La cosa quedó ahí y se pusieron a comer, y Fernando, todo ofendido, le dijo a su madre: «Desconocida, ¿me puedes pasar el tomate?».

Juan, 6 años

Juan tiene mucho miedo a la oscuridad. Hace poco, su padre le estaba llevando a la cama e iba cantando: «Tres cosas hay en la vida: salud, dinero y amor...». Y Juan le cortó y le dijo: «Papá, tres cosas no, hay cuatro: salud, dinero, amor y miedo, mucho miedo».

Andrés, 8 años

Un día estaba con su madre repasando las oraciones para la comunión y dijo Andrés: «Mamá, ¿cómo era el Ave María?». Y antes de que su madre pudiera responder, dijo Andrés: «Ah, ya: "Ave María, cuándo serás mía..."».

Ángel, 6 años

El día de la investidura de Obama su madre le dijo: «Ángel, hoy es un día importante porque es la primera vez en la historia que el hombre que más manda en el mundo es negro». Y Ángel miró a su madre alucinado y le dijo: «¿Y quién es? ¿Will Smith?».

Ibai, 5 años

Ibai le preguntó a su madre: «Mamá, ¿de dónde ha salido el gato que tiene la tía?». «Se lo regalaron», le respondió ella. «¡No, los gatos no se pueden regalar!», dijo Ibai todo convencido. «¿Por qué?», preguntó su madre. E Ibai le dijo: «Porque no. A ver, ¿cómo lo envuelves?».

Frases célebres de niños 3

Carmen, 4 años y medio

Un día le dijo a su madre: «Mamá, quiero unos pendientes nuevos en forma de corazón y que en el corazón ponga *alubia*». Su madre, flipando, le preguntó: «Carmen, ¿por qué quieres que ponga *alubia*?». Y Carmen dijo, toda convencida: «Mamá, *alubia* es "te quiero" en inglés, ¿es que no lo sabes?».

Pau, 3 años y medio

Un día le dijo su madre, a la hora de comer: «¡Pau, a poner la mesa!». Y Pau que estaba sentado en el sofá dijo refunfuñando: «Uf, mamá, no puedo, tengo la regla...».

Daniela, 3 años

Estaba jugando con su padre a los médicos y su padre enseguida se empezó a aburrir y le dijo de mala gana: «Pues nada, venga usted a la consulta la semana que viene». Y la niña, enfadada, se fue diciendo: «Nunca he visto un médico más malo».

Alejandro, 3 años

Estaba Alejandro en la puerta de la tienda de su madre y llegó una señora y Alejandro le preguntó: «Hola, ¿qué haces?». «Aquí, fumándome un cigarrito ¿y tú?», le respondió ella. Y Alejandro dijo: «Yo es que no fumo».

Santiago, 3 años

Hace poco iba con sus padres en el coche y comentó: «Papá, papá, ya sé hablar inglés». «Qué bien, cariño, ¿qué sabes decir?», le preguntó su padre. Y Santiago, todo lleno de razón, dijo: «Hello, *gelipollas*».

Cristian, 5 años

Cristian estaba un día en la habitación de su madre cuando de pronto vio un tampón encima de la mesita y dijo gritando: «¡¡¡Mamá, mira qué petardo más grande!!! ¡¡¡Y qué mecha!!!».

Enrique, 5 años

Hace poco murió un vecino suyo y ese día había lío en la escalera, y él preguntaba: «¿Qué pasa, mamá?». «Que se ha muerto el vecino», le respondió su madre. «¿Y dónde está ahora?», seguía preguntando él. «Pues... en su casa... pero está muerto», le contestó ella. «Pero él, ¿dónde está ahora?», insistía el niño. Y su madre, como no sabía bien cómo explicárselo, le dijo: «Está abajo... Bueno, él ya no está. Está sólo su cuerpo». Y entonces, con la cara desencajada, preguntó Enrique: «¿Y qué han hecho con la cabeza?».

Luis, 6 años

Un día que estaba en misa con su madre, cuando el cura levantó la hostia, comentó: «Mira el cura qué listo es, él se come la galleta grande y a los demás les da la pequeña».

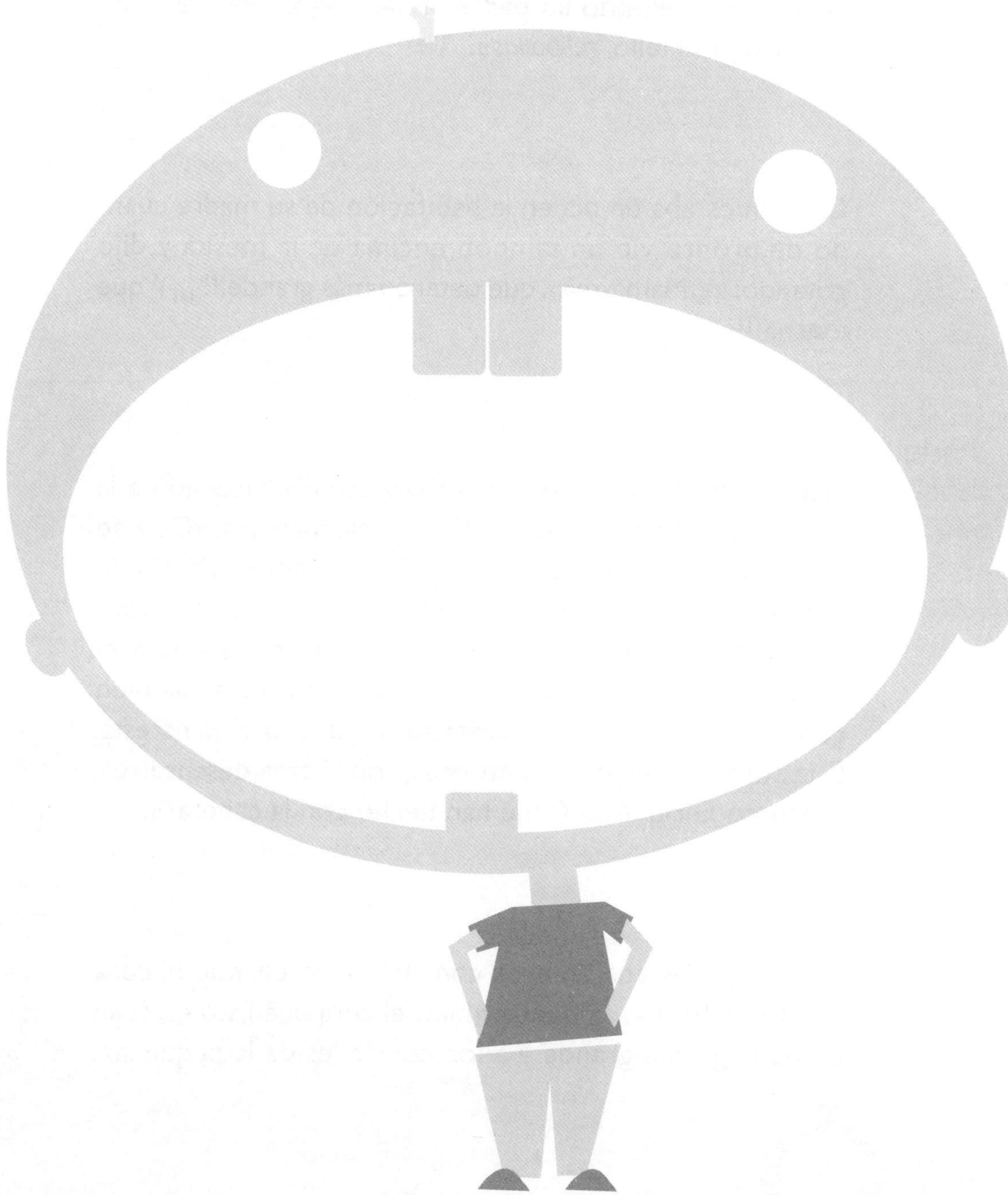

Ángel, 2 años y medio

Ángel estaba con unos familiares en una heladería y cuando ya se iban, Ángel vio el plato con la propina encima de la mesa, y dijo cogiendo las monedas: «Esto me lo quedo yo por si me compro algo».

Borja, 3 años

Una mañana, en el desayuno, Borja se levantó para coger una pajita para la leche y su padre le dijo: «Lo de desayunar con pajita es de pequeños, no de mayores como tú...». Y Borja contestó: «Que sí, papi, lo estoy dejando...».

Sergio, 5 años

Iba paseando con su padre y le dijo: «Papá, ¿cuál es tu primer apellido?». «Rodríguez», le contestó su padre. Y Sergio dijo, emocionado: «¡Toma ya, como el mío!».

Alejandro, 7 años

Hace unos meses su madre lo llevó a un concierto de Estopa y en mitad del concierto empezó a oler a porro y dijo Alejandro: «Mamá, huele un poco raro, ¿no?». «No pasa nada, es el humo del tabaco...», le respondió ella. Poco tiempo después fueron a otro concierto de Estopa y cuando el chico que tenían delante se encendió un porro, dijo Alejandro: «¿Lo ves, mamá? Ya huele a concierto...».

Miguel, 7 años

Un día que su madre le estaba haciendo cosquillas, le dijo Miguel: «Mamá, te aviso: si me muerdes el culo tengo un pedo preparado para casos de emergencia».

Nerea, 3 años

Un día le preguntó su madre: «¿Cómo se llama tu pueblo, Nerea?». «San Pedro del Piñatar», respondió ella. «Provincia de...», dijo su madre. «... de Murcia», contestó la niña. Y su madre siguió preguntando: «¿País...?». Y dijo Nerea: «... de Nunca Jamás».

Manuel, 3 años

Manuel le dijo un día sorprendido a su madre, señalándose sus partes: «Mamá, mira qué *golda* se *m'ha* puesto». Y al rato, cuando ya se le había bajado, empezó a gritar enfadado: «Joooooo, mamá, ¿dónde está el botón para ponerla otra vez *golda*?».

Óscar, 4 años

Una tarde que su padre fue a recogerle al colegio estaba Óscar sentado en la escalera del cole, moviendo los labios como si hablase, pero sin decir nada. Su padre le preguntó: «¿Qué haces?». «Nada, estoy cantando *pa* dentro», respondió Óscar. «Y ¿qué cantas?», le preguntó su padre. Y Óscar contestó: «No lo sé, ¡no me escucho!».

Eva, 3 años

Estaba toda la familia comiendo un domingo. La abuela fue a hablar y la dentadura se le salió volando, y Eva soltó: «¡Hala! ¿También te puedes quitar un brazo?».

Valentina, 6 años

Un día estaba viendo la tele con sus padres y anunciaron el estreno de una peli, y dijo Valentina: «Mamá, de mayor quiero trabajar en el cine». «¿Quieres ser actriz?», le preguntó ella. Y Valentina contestó: «Noooooo. Quiero trabajar en el cine rompiendo las entradas».

Darío, 6 años

En el colegio le preguntaron qué le gustaría ser de mayor, y él contestó: «Quiero ser carnicero, como mi mamá, porque me gustan mucho los animales».

Sara, 6 años

Estaba Sara jugando a las Tortugas Ninja con su hermano y su padre, y dijo: «Yo soy Leo». «¿Cómo que Leo? Serás Leonardo, ¿no?», le preguntó él. Y Sara contestó: «No, mi nombre es Leo. Nardo es mi apellido».

Sara, 4 años

Un día en Semana Santa Sara le comentó a su abuela: «¿Sabes que el abuelito está enfermo? Tiene el ojo malito». En ese momento salió en la tele un paso de Semana Santa con un Cristo y le dijo su abuela: «Pues pídele al Cristo que le cure el ojito». Y Sara contestó: «¡Pero, abuelita, si Jesús no es médico!».

Marina, 3 años

Iba en el coche con sus padres y pasaron por delante de un club de carretera que tenía un letrero luminoso muy grande y lucecitas y Marina comentó: «¡Mira, mamá, la feria!». «No cariño, eso no es la feria», le dijeron sus padres. Y ella toda convencida exclamó: «Ay, no, ¡si es el Carrefour!».

Verónica, 7 años

Cuando su mamá estaba embarazada de ocho meses de su hermana pequeña le preguntaron a Verónica: «¿Cuándo viene tu hermanita?». Y ella contestó: «Es que no está cocida todavía, por eso no sale...».

Francisco, 5 años

Francisco iba de paseo con su tía y empezó a rascarse el culo. Su tía le preguntó: «¿Qué te pasa, te pica? A lo mejor es que no te has limpiado bien». Y Francisco dijo: «No, seguramente se me ha metido una mosca».

Miguel, 6 años

Se fue de excursión con el cole y su madre le compró una cámara de usar y tirar, y cuando volvió, su madre le preguntó: «¿Y la cámara? No la habrás perdido». Y Miguel dijo, como si fuera una obviedad: «No, mamá, la he tirado».

Facundo, 8 años

Una noche, después de cenar, cogió una gelatina de la nevera, la probo y dijo: «¡Puaj! Esto no sabe como antes, debe de ser la crisis».

Sonia, 4 años

Estaba Sonia en la procesión del Miércoles Santo y le preguntó a su madre: «Mamá, ¿por qué la Virgen lleva velas y no tiene tarta?».

Juan Pablo, 2 años

Un día que estaba comiendo toda la familia a Juan Pablo se le escapó un eructo. Su padre le dijo, riñéndole: «¡Juan Pablo! ¿Qué se dice?». Y Juan Pablo, tan tranquilo, contestó: «Pues... yo no he sido».

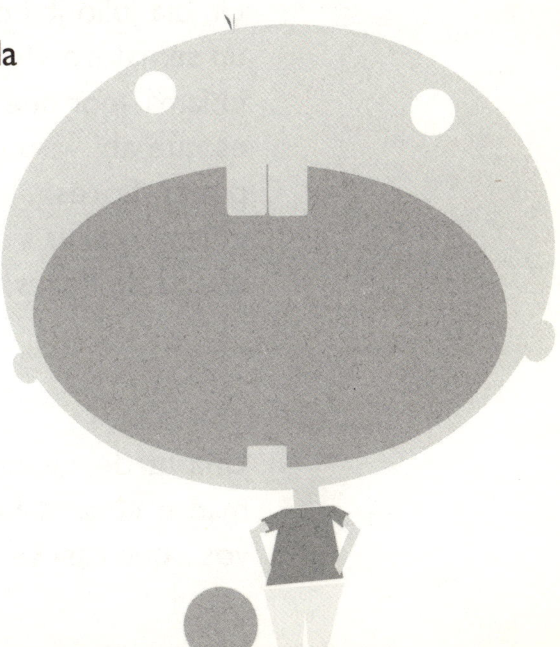

Lucía, 4 años

Lucía estaba en el cuarto de baño mientras se duchaba su madre y se quedó mirando el pezón y dijo: «Mamá, tienes pupa en la teta». «No es pupa, Lucía, por ahí es por donde sale la leche», le dijo ella. Y Lucía preguntó: «¿Y los cereales? ¿Por dónde salen los cereales?».

Adriana y Álex, 8 y 4 años

Álex iba a ir por primera vez al colegio y le dijo a su hermana mayor: «¡Qué bien, voy a ir al cole todos los días!». Y ella le contestó, muy seria: «Ya te arrepentirás de tus propias palabras».

Julio, 3 años

Un día Julio iba con su madre en el coche y al pararse en un semáforo vieron un coche fúnebre y Julio le preguntó: «Mamá, ¿por qué ese coche lleva tantas flores?». «Pues, hijo, es que ahí va una persona que va al cielo y entonces le ponen flores», le respondió su madre. Y Julio comentó: «Mamá, y si va a subir al cielo, ¿por qué no le ponen globos en vez de flores?».

Pablo, 4 años

Una tarde, cuando Pablo volvió del colegio, le dijo a su madre: «Mamá, hoy me han pegado una patada en los huevos... que casi se me salen los pollos».

Sandra, 8 años

Estaba Sandra con su hermana y sus primos en la playa y no paraba quieta, y su prima le dijo: «¡Sandra! ¿Puedes estarte quieta?». Y Sandra contestó: «Si me lo preguntas, no, pero si me lo mandas, a lo mejor».

Lucía, 5 años

Lucía estaba un día con su madre en misa, y en un momento en que el cura se puso de rodillas, Lucía le preguntó a su madre: «Mamá, ¿que está buscando?».

Alba, 4 años

Un día se estaba vistiendo su madre, y Alba, que la vio poniéndose un tanga, llamó a su hermano gritando: «¡Adri, Adri, que mamá se pone las bragas como las chanclas!».

Ángela, 5 años

Ángela volvió un día del cole y le dijo a su madre: «Mamá, me ha dicho la *goropeda* que ya no tengo que ir más porque ya hablo bien».

Roberto, 6 años

En el colegio de Roberto iban a hacer una votación para ver si les ponían a los niños uniformes obligatorios y su madre le dijo a Roberto: «Oye, Rober, ¿qué te parece que os pongan uniforme para el cole con camisa y pantalón de pinzas? ¿Votamos sí o no?». Y Roberto contestó: «No. A mí no se te ocurra ponerme pinzas colgadas en el pantalón que me muero de vergüenza».

Iratí, 2 años y medio

A Irati le gusta mucho la película *Blancanieves*. Una tarde que estaba lloviendo su madre le puso la peli. En el momento en que los enanitos lloran porque Blancanieves se va a ir con el príncipe, uno de los enanitos dice: «¿Y qué vamos a hacer nosotros ahora si te vas? ¿Quién nos va a hacer la comida y limpiar la casa?». E Irati respondió a la tele: «Que se jodan los enanitos».

Juan Miguel, 4 años

Una mañana, al ver a su padre con legañas, le dijo: «Papá, papá, suénate los ojos que tienes mocos».

Frases célebres de niños 3

Hugo, 4 años

Hugo estaba en el parque con su padre y le preguntó: «Papá, ¿de dónde sale la arena?». «De las rocas, que con el aire y el agua se van desgastando durante miles de años y se hacen arena», le respondió él. Y Hugo se quedó callado unos segundos y dijo: «Eso tengo que verlo yo».

María, 3 años

María estaba mirando por la ventana en día muy nublado y no se veía nada y muy asustada le dijo a su madre: «Mamá, se ha borrado el mundo».

Néstor, 3 años

Néstor iba con su padre y se encontró con un nuevo vecino. Cuando se presentaron, el vecino le tendió la mano a Néstor y le dijo: «Yo me llamo Emiliano, ¿y tú?». Y Néstor dijo: «Yo no».

Ana, 4 años

Ana tenía un dinosaurio de peluche al que llamaba *Dino*. Un día le preguntó su abuela: «¿Dino? ¿Qué nombre es ése?». Y Ana le respondió: «Pues está claro abuela, *Dino* de *dinoceronte*».

Daniel, 6 años

El perro de su tío se tiró un día al suelo y se puso patas para arriba, y Daniel dijo al verle los pezones: «Tiene tetas, seguro que es gay».

Laura, 3 años

Un día después de hacer sus necesidades le dijo a su madre: «Quiero ver la caca». Se baja de la taza y, mirando dentro mientras tiraba de la cadena, dijo: «Adiós, caca... que te vaya bien».

Emma, 4 años

Estaba jugando a las cartas con su tía y dijo mirando el rey de bastos: «Tengo el *rey de pepinillos*».

Guillermo, 3 años

Estaba en la cama con sus padres y su madre le preguntó: «¿Por qué no te vas a dormir a tu cama? Que ya eres grande para dormir con mamá y papá». Y Guille contestó, mirando a su padre: «¿Y por qué no se va él que es más grande?».

Asier, 7 años

Un día le preguntó a su madre: «Mamá, ¿por qué se le llama tarde a la tarde si la noche es más tarde?».

Marco, 4 años

El día de la boda de sus tíos su madre le explicaba que él tenía que llevar las arras: «Mira, son unas monedas y se las tienes que entregar al cura». Y Marco dijo, indignado: «¡¡¡¿¿¿Que me toca pagar a mí???!!!».

Marcos, 5 años

Marcos tiene una hermanita pequeña. Un día sus padres estaban en el dormitorio y la niña, que estaba en el salón en su cochecito, se puso a llorar. Marcos estaba viendo la tele y empezó a mover el cochecito, y al cabo de un rato, sus padres le oyeron gritar: «Bueno, ¿va a venir alguien? ¿O para qué hemos tenido una hija?».

Samuel, 4 años

Estaba su madre contándole un cuento en el que salían esclavos y le preguntó a Samuel: «¿Tú sabes lo que es un esclavo, cariño?». Y el niño contestó: «Sí, mamá, es ese señor que está en las iglesias *esclavao* en una cruz».

Carla, 4 años

Estaba Carla con su hermana mayor viendo unas fotos de la graduación de ésta y le preguntó Carla: «¿De qué te disfrazaste ese día?». «No es un disfraz, es de cuando terminé la carrera», le contestó su hermana. Y Carla preguntó: «¿Y ganaste?».

Mireia, 4 años

El otro día su madre entró en la habitación y vio que Mireia había cortado la tela de un vestido, el pelo de una muñeca y el suyo también. Su madre le dijo enfadada: «¡Mireia, eso no se hace, no se cortan las cosas!». Y Mireia contestó: «Es que... como no he encontrado papel...».

Juan Salvador, 5 años

Un día estaba haciendo pis y le dijo a su madre: «Mamá, la punta del pito es de carne cocida».

Kevin, 5 años

La madre de Kevin vio un anuncio de venta de perros salchicha y mientras se lo comentaba a su marido, Kevin, que estaba escuchando, preguntó: «Mamá, ¿y si compramos perros hamburguesa?».

Paula, 4 años

Un día iba a comerse unas natillas y su madre vio que las abría y se ponía a chupar la tapa y le dijo: «Paula, ¿qué haces?». Y Paula contestó, toda seria: «Pues ahorrando».

Sonia, 6 años

Un día en clase le preguntó la profesora: «Sonia, ¿por qué no has hecho los deberes?». Y Sonia respondió: «Es que a mis padres no les ha dado tiempo...».

Clara, 7 años

Estaba Clara dibujando con acuarelas unas líneas curvas sin ningún sentido, y su padre le comentó: «Clara, qué bonito es ese dibujo. Es abstracto, ¿no?». «No, papá, es *marealismo*...», dijo ella. *«¿Marealismo?»,* le preguntó su padre. Y Clara le aclaró: «Sí, ¿no ves que si lo miras te mareas?».

Lucía, 3 años

Eran las cuatro de la mañana y Lucía entró en la habitación de sus padres gritando: «Papáaaaaa, papáaaaaa... que he hecho pis yo sola, pero no he tirado de la cadena para no despertarte...».

Javier, 6 años

Después de su primer día de colegio tras las vacaciones, su padre le preguntó: «¿Qué tal tu primer día?». «Pues nos han dicho que no podemos dar besos, y que cuando tosamos nos tenemos que tapar la boca», le respondió él. «Pero ¿te han dicho por qué?», le preguntó su padre. Y Javier contestó, muy resuelto: «Claro, la tutora nos ha explicado que es para no contagiarnos de la *crisis*...».

Mark, 3 años

Después de su primer día de clase, su abuela le preguntó: «Mark, ¿qué has hecho en el colegio?». Y Mark le contestó: «El gilipollas».

Jessica, 7 años

Cuando a Jessica se le cayó su primer diente, fue llorando a su madre y le dijo: «¡Mamá, mamá, me estoy desmontando!».

Gonzalo, 4 años

Estaba con su tía en la playa y se oyó por megafonía: «¡Se ha perdido un niño llamado Gonzalo que tiene 5 años...!». Y Gonzalo dijo: «Pues no soy yo, porque tengo 4».

Óscar, 5 años

Estaba con sus padres en un restaurante y preguntó: «Papá, ¿por qué todos los camareros se llaman *Perdone*?».

Julia, 4 años

Estaba el hermano de Julia rezando el Padre Nuestro y cuando llegó a la frase «Líbranos Señor...», dijo Julia: «De la lechuga y el tomate».

Inés, 3 años

Su madre un día estaba explicándole que si se pierde tiene que buscar a un policía y decirle nombre, apellidos y su calle. Tras diez minutos intentando que se aprendiera el nombre de la calle, su madre le dijo: «Inés, esto no es un juego, si un día te pierdes y no te sabes la calle, ya verás... A ver, ¿qué haces si la policía te pregunta dónde vives?». E Inés, casi llorando, contestó: «Pues, mamá... les traigo a casa y les digo: "¡vivo aquí!"».

José María, 5 años

Un día, rebuscando por casa, se encontró un rosario y le preguntó a su madre: «Mamá, ¿esto qué es?». «Pues un rosario», le contestó su madre. «Y ¿para qué sirve?», siguió preguntando el niño. «Pues para hablar con Jesús», le contestó ella. Y, entonces, José María, muy contento, dijo: «¡Ah, entonces es como un *walkie-talkie*!».

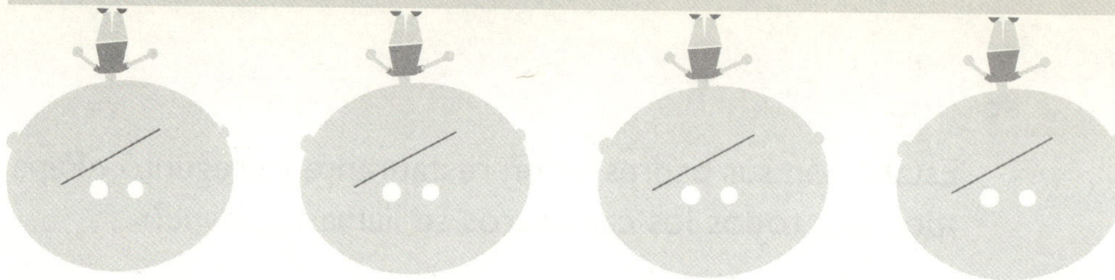

Pau, 6 años

Un día, cuando su madre llegó del trabajo, Pau le preguntó: «Mamá, ¿llevas el dinero que has ganado?». «Es que hasta final de mes no me dan el dinero», le respondió. Y Pau le preguntó, extrañado: «Y ¿por qué no vas a trabajar sólo a final de mes?».

Pau, 4 años

Pau tiene muchos celos de su hermana pequeña, y un día le dijo a su madre, un poco enfadado: «¿La barriga te la han cerrado bien o tiene que salir alguien más de ahí dentro?».

Mario, 7 años

Un día Mario le preguntó a su madre: «Mamá, ¿me puedo poner una calcomanía?». «Sí, pero póntela en un sitio donde no se vea», le contestó. Y Mario, confundido, le preguntó: «¿Dónde? ¿En la oscuridad?».

Javi, 4 años

Era la hora del almuerzo y Javi estaba entretenido con la tele y no quería comer. Su madre le decía: «Javi, si no comes, te apago la tele», pero él no hacía ni caso. Al final, su madre, enfadada, le apagó la tele y Javi se bajó de la silla, la miró muy serio y le dijo: «Mamá, me has destrozado la vida».

Cristina, 4 años

Un día estaban los padres de Cristina hablando sobre el nombre que le iban a poner a su hermano. Cristina estaba escuchando la conversación muy atenta y cuando ya tuvieron el nombre decidido, ella se quedó muy pensativa y dijo: «Vale, ya sabéis qué nombre le vais a poner pero... ¿y los apellidos?».

Candela, 6 años

Candela jugaba con su muñeca Cenicienta y con la Sirenita, y entre ellas hablaban. Y le pregunta la Sirenita a Cenicienta: «¿Te vienes al mar a nadar conmigo?». Y ésta le respondió: «No, porque me voy al baile con mi príncipe...». Y entonces dijo la Sirenita: «¡Vale, pues a tomar por culo!».

Juan Carlos, 3 años

Estaba en misa con su madre y se estaba aburriendo bastante y cuando después de dar la comunión el cura empezó a limpiar la patena y el cáliz, dijo Juan Carlos a voces: «¡Mamá, mamá, esto ya se acaba, que está el cura fregando los platos!».

Nicolás, 6 años

Nicolás acompañó un día a su madre al ginecólogo para ver la ecografía de su hermanito. Al llegar a casa, su hermano mayor le preguntó: «¿Qué tal nuestro hermanito? ¿Lo has visto?». Y Nicolás contestó: «Sí». «Bueno, y ¿es guapo?», le siguió preguntando su hermano. Y Nicolás respondió, decepcionado: «Sí... pero es gris».

Pablo, 6 años

Durante la ceremonia de la primera comunión de su hermano, el cura estaba dando un sermón sobre los cristianos y Pablo se giró y le preguntó a su madre: «Mamá, nosotros, ¿qué somos? ¿Cristianos o Ronaldos?».

Albert, 4 años

Su madre estaba intentando que Albert se comiera un plato de ensalada. Al final consiguió que probara un poco de zanahoria y mientras la masticaba con cara de asco, dijo: «¡No sé cómo los conejos pueden soportar esto!».

Jesús, 3 años

Un día Jesús cogió unas tijeras y se hizo un trasquilón y a su madre no le quedó más remedio que pelarlo casi al cero y luego lo castigó para que pensara en lo que había hecho. Al cabo del rato le dijo su madre: «A ver, Jesús, ¿qué opinas sobre lo que has hecho?». Y él, con toda la naturalidad del mundo, le contestó: «¡¡¡Que estoy muy guapo!!!».

Marta, 2 años y medio

Marta estaba con sus abuelos en el trastero y su abuelo se subió a una escalera. De repente, su abuela vio que ella también se estaba subiendo a una escalera y le preguntó: «¿Pero tú dónde vas?». Y Marta le contestó, tranquilamente: «A la luna».

Jorge, 4 años

Una mañana amaneció con una neblina bastante densa y cuando Jorge salió a la calle para ir al colegio, antes de subir al coche, le comentó a su padre, muy serio: «No sé qué les pasa hoy a todas las casas, ¡pero se ven fatal!».

Lucía, 5 años

Estaba Jesulín de Ubrique hablando en la tele y Lucía estaba mirándole con la boca abierta. Su madre la vio y le preguntó: «¿Qué haces con la boca abierta?». Y Lucía dijo: «Pero, mamá, ¿en qué idioma habla este hombre?».

Ariadna, 4 años

Una noche se fue con sus padres a cenar a un restaurante chino y pidieron rollitos de primavera. Al día siguiente a Ariadna le dolía mucho la tripa y toda convencida le dijo a su madre: «¡Mamá, ya sé lo que me ha sentado mal! ¡El churro de invierno!».

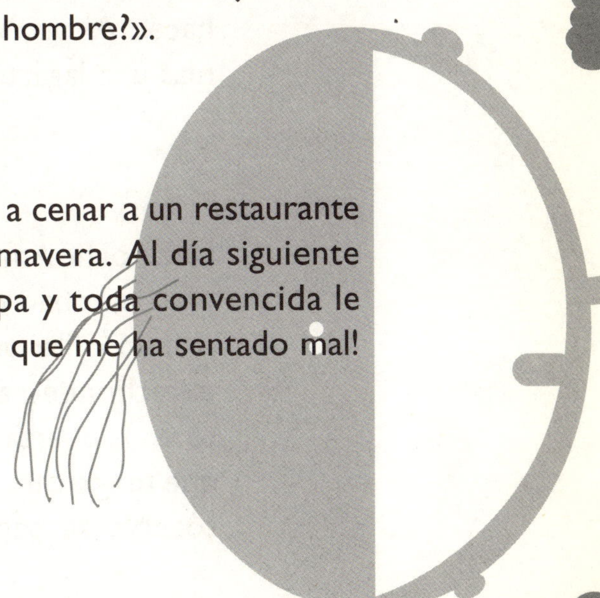

Javi, 4 años

Estaba Javi jugando con su hermana de 10 años y su madre le oyó decir: «Sí, porque la cocaína...». Sorprendida, le dijo al niño: «Javi, ¿qué es lo que has dicho?». Javi bajó la cabeza y contestó: «Sí, mamá, ya lo sé, es una droga». «¿Y tú dónde has aprendido eso?», le preguntó ella. Y Javi contestó: «En *Callejeros*, mamá».

María, 2 años

Estaba en misa con su madre y el cura dijo eso de: «Daos la paz». Entonces todo el mundo se dio la mano y María cuando se la dio a su madre le dijo: «¿Qué pasa contigo?».

Álvaro, 5 años

Estaba Álvaro sentado con su tía en el sofá y ella se echó hacia adelante y se le vio el tanga verde que llevaba. Álvaro tiró con todas sus fuerzas de él y su tía le dijo: «Pero ¿qué haces, Álvaro?». Y Álvaro respondió: «¡Es que creía que tenías una lagartija metida en el culo!».

Amanda, 6 años

Una noche Amanda y su hermana Adriana se iban a acostar y no paraban de hablar y de reír. Su padre, enfadado, les mandó callar varias veces. Amanda y Adriana seguían con el cachondeo aunque más bajito. Su padre, al final, se plantó en la puerta de su habitación y les dijo: «Pero, bueno, ¿es que tengo cara de tonto?». Y Amanda, muy seria, le contestó: «No sé, papi, está muy oscuro. A ver, enciende la luz».

Joan, 5 años

La primera vez que fue de viaje con sus padres en avión, cuando éste ya estaba en el aire, dijo: «¡Qué pequeño es el mundo!».

Samuel, 5 años

El yayo de Samuel cría perros y Samuel siempre ha querido tener un perrito en casa, pero sus papás no le dejan porque dicen que ensucian, hay que sacarlos a pasear y huelen mal. En una ocasión en que una perra parió, varios perritos se murieron y entonces Samuel le dijo a su abuela que esos perros se los llevaba él para su casa. La abuela, extrañada, le preguntó a Samuel que por qué quería llevarse los perros muertos y Samuel contestó: «Pues ¿por qué va a ser yaya? Pues porque éstos ni comen ni cagan ni *ná*...».

Paola, 4 años

Después de tirarse casi una hora de reloj en la bañera se miró las manos y, al verse los dedos arrugados, dijo: «Tengo las manos tristes».

Daniel, 6 años

A su hermano pequeño no le gusta comer carne, y en su casa dicen que va a salir vegetariano. Un día Dani comentó: «Oye, y los vegetarianos ¿en qué idioma hablan?».

Zaira, 4 años

Estaba haciendo un puzle y no le salía bien. Su padre, al ver que empezaba a tirar las piezas, le dijo: «Zaira, ten cuidado». Y ella le contestó: «Si cuidado ya tengo, lo que no tengo es paciencia».

Raúl, 6 años

Un día Raúl vio con su padre una película de vampiros en la que dejaban los colmillos dentro de una especie de vaso. En la peli contaban además que los descendientes de los vampiros también lo serían. Días después Raúl encontró la dentadura de su abuela en un vaso y le dijo muy preocupado a su padre: «Papá, por favor, dime que tú y yo no somos vampiros».

Laura, 6 años

Le preguntaron sus padres por qué no quería apuntarse a clase de religión y ella contestó: «El cura dice mentiras, dice que Dios lo hizo todo... ¡y mi casa la hicieron los obreros, que yo lo vi!».

Irene, 4 años

Un día le dijo a su madre: «Mamá, yo no quiero que te mueras y tampoco quiero que se muera papá». «No te preocupes, no nos vamos a morir», la consoló su madre. Irene se quedó pensativa y le dijo: «Es que si papá y tú os morís, yo no tengo llaves para entrar en casa».

Laura, 5 años

En un viaje que hizo a Madrid con sus padres, vio a un chico chino que vendía películas en un *top manta* y comentó: «Pues los chinos que venden películas en Sevilla son negros».

Ander, 6 años

Una tarde, estando en casa, dijo: «Me aburro». «Pues juega a algo», le dijo su madre. Y Ander le contestó: «Si supieras cómo es mi mundo, lo entenderías».

Raquel, 4 años

Raquel estaba remoloneando a la hora de la cena, como en todas las comidas, y después de varias regañinas para que comiera, su madre le dijo enfadada: «¿Quieres hacer el favor de mirar hacia el plato y coger el tenedor? ¡Es que todos los días lo mismo! ¡Hoy te lo he dicho ya ocho veces!». Y Raquel se giró de repente y, con cara de listilla, le dijo a su madre: «Pues... apúntamelo. Así no se me olvida. Apúntamelo».

Blanca, 5 años

Blanca le preguntó a su mamá, que estaba embarazada, cómo saldría el niño, y su madre le contestó: «Pues primero mamá da un empujoncito y sale la cabeza, luego pega otro y sale el cuerpo y por último da otro empujón y salen las piernas». Blanca se quedó pensativa unos segundos y finalmente le preguntó: «¿Y luego lo montan?».

Daniel, 5 años

Daniel le preguntó a su madre: «Mamá, ¿sabes que algunos animales son carnívoros?». «¿Ah sí? ¿Y eso?», le contestó su madre siguiéndole el juego. «Pues porque comen carne... ¿Y sabes que también los hay herbívoros?», le dijo él. «¡¡¡No me digas!!! Y ¿por qué se llaman así?», le preguntó su madre. «A ver, mamá... pues porque comen hierba», le explicó Daniel. «¿Y tú sabes que las personas somos *omnívoras*?», le preguntó ella. «¡*Pos* claro, mamá!», le respondió él. «Y ¿qué significa eso?», continuó preguntando su madre. Y entonces Daniel se quedó un momento pensando y dijo: «Pues los hombres somos *omnívoros* porque algunas veces volamos en avión y otras en *omni*».

Álvaro, 6 años

Un día llegó del cole diciendo: «Mamá, la *seño* nos ha pedido que mañana para clase de religión llevemos un *tampax* de la Virgen».

Frases célebres de niños 3

Yago, 9 años

Un día su madre le preguntó que cuánto la quería y él le respondió: «Lo suficiente para satisfacerte».

David, 5 años

Una noche después del baño se tiró un pedo y cuando su madre acabó de reñirle, dijo él, un poco enfadado: «Pues ¿para qué nos ponen los pedos en el culo si no sirven para nada?».

Pablo, 4 años

Estaba en el vestuario de la piscina con su madre y había una mujer con unas tetas enormes poniéndose crema. Pablo se quedó mirándola boquiabierto y su madre le dijo: «Pablo, ¿qué miras?, si son como las de la mamá». A lo que Pablo contestó: «¡Qué va!».

Carlos, 5 años

Estaba su madre cocinando lentejas y dijo Carlos, emulando a Flipy: «Mamá, ¿sabes por qué flotan los pimientos y los tomates no? Pues porque tienen más *ansiedad*».

Paola, 5 años

Estaba su hermana pequeña de 2 años durmiendo con una mano en el chupete, e iba moviendo y levantando los deditos poco a poco. Paola se quedó mirándola con curiosidad y le dijo a su madre: «Mamá, o Karen está dormida o se está aprendiendo los números».

Daniel, 3 años

Una mañana Daniel se metió en la cama de sus padres y, toqueteando a su madre, llegó al sobaco, y tras examinar un rato la zona, le dijo: «Mamá, cuando yo sea mayor, no me pongas pelos aquí...».

Asier, 3 años

Estaba Asier con su mamá en el salón y ella vio que llevaba algo en la mano, y le preguntó: «¿Qué llevas ahí, Asier?». «Un moco», respondió él. «Pero ¿qué haces con él en la mano? ¡Tíralo a la basura!», le riñó su mamá. «Es que mi amigo Mario se los come», dijo Asier. «Me da igual, tú tíralo», le contestó ella, ya enfadada. Y entonces dijo Asier, aclarando el malentendido: «¡Que no! ¡Que se lo voy a guardar!».

Carmen, 3 años

Un día Carmen se puso a apretar para hacer caca en su pañal y como le dolía porque estaba estreñida, salió corriendo por el pasillo diciendo: «¡Mamá, tengo avispas en el culo!».

Sofía, 7 años

Estaba charlando con su prima Patricia y le preguntó: «Patricia, ¿y dónde está Dios, que no lo veo?». «No, es que a Dios no se le ve», le contestó Patricia. Y dijo Sofía, indignada: «¿De verdad? ¿Ni siquiera en Internet?».

Alejandro, 4 años y medio

Estaba con su madre viendo el programa *Fama* y salieron las chicas a hacer una coreografía en ropa interior. Cuando terminó, Alejandro miró a su madre y le dijo: «Mami, la cola se me está enamorando».

Héctor, 7 años

Estaba Héctor viendo una procesión en la que habían sacado un paso con la imagen de santa Elena, y le comentó a su madre: «Mamá, ¿has visto que santa Elena lleva una cruz en la mano y clavos?». «Sí», le contestó su madre. «Yo sé lo que significa», le dijo Héctor. «¿Ah, sí? ¿Y qué significa?», le preguntó su madre. Y dijo Héctor, todo convencido: «Pues que santa Elena, además de santa, era *cazavampiros*».

Alejandro, 3 años

Mientras su padre le preparaba un vaso de leche, se quedó mirando la vaca que aparece en el *tetrabrik* y le preguntó que dónde comía leche la vaca. «No, hijo, la vaca come hierba, y da leche por aquí», le contestó su padre señalando las tetas de la vaca. Y el niño, flipado, dijo: «¡Ah, entonces la vaca da leche por los huevos!».

Batis, 4 años

Esto sucedió la primera vez que Batis fue al cine. Su mamá y su hermana fueron a por palomitas y mientras estaban fuera se apagó la luz en la sala y empezó la publicidad. Entonces, Batis, se puso de pie en la silla y mirando hacia arriba empezó a gritar: «¡Señor, espere, que mi hermana y mi madre están comprando palomitas!».

Carlota, 5 años

Estaba cenando toda la familia y cuando todo el mundo estaba terminando el postre, el papá de Carlota todavía iba por el segundo plato. Carlota le preguntó: «Papá, ¿por qué sigues comiendo si ya hemos acabado?». «Porque tengo que crecer», le contestó él. Y Carlota lo miró de arriba abajo y le dijo con sorna: «Papá, a ti ya sólo te queda engordar».

Adrián, 3 años

Adrián estaba haciendo caca, tenía un poco de diarrea y llamó gritando a su madre: «¡Mamá, me he tirado un pedo y se me ha derretido la caca!».

Luis, 4 años

Estaba toda la familia charlando un día y Luis no dejaba de llamar a su madre: «Mamá, mamá... ¡Mamá!». Pero su madre no le hacía ni caso. Y Luis seguía insistiendo: «¡Mamáaaaa!». Al final, harto, se puso delante de su madre y le soltó enfadado: «¡Que se me va a pasar la sed!».

Daniel, 4 años

Dani estaba con su padre en el salón de casa y de repente se levantó y se fue a otra habitación. Su padre empezó a notar un olor fuerte y llamó a Dani: «¡Dani, ¿te has tirado un pedo?!». Y se escuchó desde la otra habitación: «¡Sí, te lo he dejado ahí, luego lo recojo!».

Alejo, 10 años

Alejo le comentó un día a su padre: «Yo de mayor quiero ser policía misterioso». «¿Cómo?», le preguntó su padre, extrañado. Y Alejo contestó: «Sí, esos que no llevan uniforme...».

Isabel, 5 años

Estaba viendo una película en la que uno de los actores estaba a punto de morir y al final no muere. Cuando terminó la escena se volvió hacia su madre y le dijo: «Mamá, he estado a punto de llorar pero, como soy pequena, todavía no tengo emociones».

Iván, 5 años

Estaba jugando y su padre no paraba de incordiarle y no le dejaba tranquilo. Al final, Iván se hartó y le dijo: «Papá, ¿por qué no te metes en la tele y la apago?».

Gael, 3 años

Estaba con sus papás en un ascensor y éstos se dieron un beso un poco apasionado. Cuando acabaron, Gael, que los había estado mirando, dijo: «Mamá, yo creo que os habéis cambiado las lenguas».

Josué, 9 años

Estaba charlando con sus padres acerca de Jesús y de la Virgen y de cómo ésta, siendo virgen, pudo engendrar a Jesús, y entonces sus padres le explicaron lo del Espíritu Santo. Josué, después de esa explicación, se quedó mirando a sus padres y les preguntó: «Entonces, Jesús es adoptado, ¿no?».

Frases célebres de niños 3

Pablo, 5 años

Estaba su madre escribiendo una lista de cosas para llevarse a la playa y Pablo le preguntó qué hacía. Su madre le explicó que estaba apuntando todo lo que quería llevarse para no olvidar nada. Pablo dijo que él también quería hacer la lista de sus cosas. Entonces cogió papel y lápiz y escribió: «TODO».

Eduardo, 7 años

El otro día se fue su papá de viaje y su madre le dijo: «Edu, ahora te quedas tú de jefe. Si vienen ladrones, me tienes que defender». Y Eduardo dijo: «Jo, mamá, no vienen nunca, y hoy que no está papá tienen que venir».

Carmen, 7 años

Estaba en una iglesia con sus padres y Carmen se fue hacia un confesionario. De repente, salió corriendo hacia sus padres con cara de pánico y éstos le preguntaron qué pasaba. Y ella respondió, casi sin aliento: «Jo, papá, a ver si me sale Dios, o algo».

Lourdes, 3 años y medio

Un día llegó Lourdes a casa después de la escuela medio llorando y muy enfadada. Su madre le preguntó qué había pasado. Y Lourdes dijo chillando: «¡¡¡Mamá, que me han hecho la manga cortaaaaaa!!!».

Javi, 11 años

Una tarde, en la playa, Javi se dio cuenta de que la mujer que tenían al lado no llevaba parte de arriba y le dijo a su madre: «¡Mamá, mira, esa señora está haciendo *dúplex*!».

Álex, 4 años

Un día Álex le estaba oliendo los pies a su primo de 5 meses y dijo muy sorprendido: «¡Huy, a Iker no le huelen los pies! Claro, es que cuando uno nace, es nuevo».

Julia, 3 años

Julia todavía confunde los verbos al hablar. Un día su madre la felicitó porque por fin había dicho bien la palabra «*dicho*». Julia se puso muy contenta y le dijo emocionada: «Mañana le *deciré* al papi que he *decido* "dicho"».

Matías, 5 años

Matías fue con su abuelo a comprarse unas deportivas. Al probarle una y ver que le quedaba bien, dijo el abuelo: «La compramos». Cuando estaba en la caja para pagar Matías miró a su abuelo con una cara muy triste y le preguntó: «¿Me puedes comprar también la otra?».

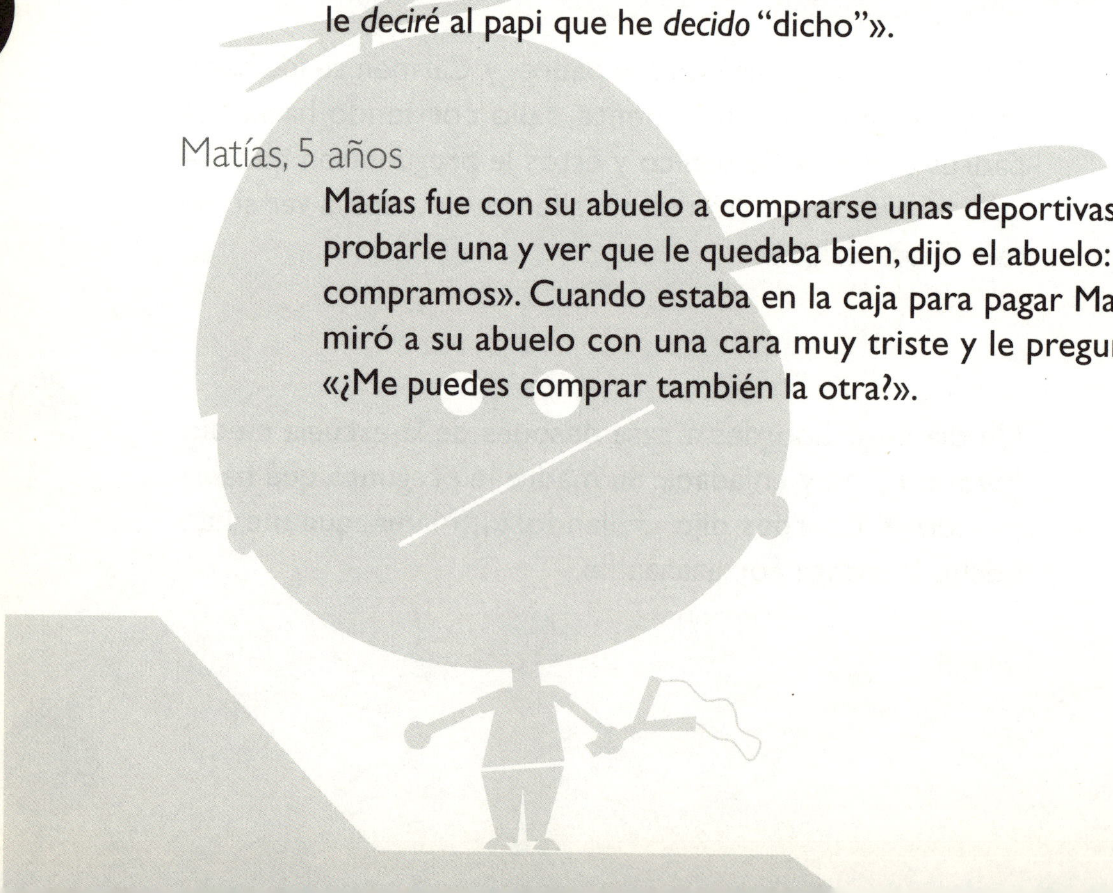

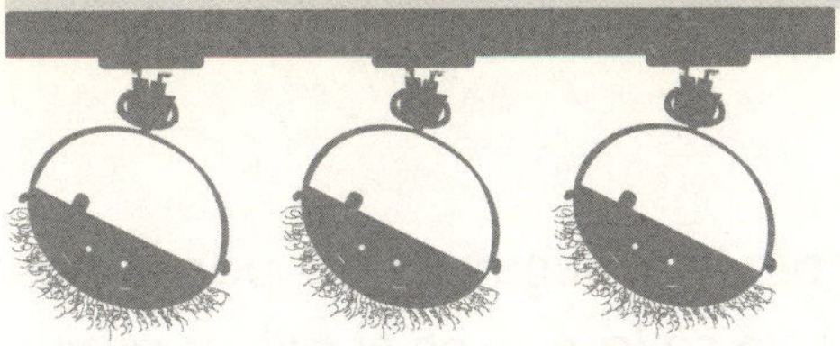

Eduardo, 4 años

Estaba Edu cenando y le dijo a su madre: «Mamá, de mayor seré piloto de carreras». «¡Qué bien!», le contestó ella, «serás el primero y ganarás carreras». Edu se quedó pensativo y dijo todo convencido: «No, mamá, yo no quiero ser el primero, yo quiero ser el segundo. Porque si no, ¿cómo adelanto?».

Elena, 3 años

Su mamá está embarazada de un niño y Elena quiere que se llame Eric. Su padre le dice que ese nombre no le gusta y que tienen que buscar uno que les guste a ambos... a lo que Elena siempre contesta: «¡Pues te buscas otro niño!».

Daniel, 6 años

Estaba dando una vuelta por el campo con su abuelo en el todoterreno y de repente soltó Daniel: «Abuelo, cuando seas esqueleto, el coche para mí».

Leyre, 2 años

Cuando le estaban quitando el pañal, sus papás cada poco rato le preguntaban si quería hacer pis. Un día su padre entró al baño y dejó la puerta abierta. Leyre entró, le miró con cara de asombro y se fue a preguntarle a su madre: «¿Qué hace papá?». «Está haciendo pis. ¿Quieres hacer pis tú también?», le preguntó su madre. Y Leyre, poniendo un dedito hacia arriba, contestó: «Sí, con el dedo».

Amanda, 2 años y 10 meses

Este año ha empezado el cole, y al segundo día por la noche le dijo a su padre: «Papá, ya sé lo que es el cole y, mira... no quiero ir más, prefiero quedarme con el abuelo e ir al parque».

Pablo, 6 años

Escuchó un día en las noticias que un sacerdote de 95 años seguía en activo y comentó: «¡Pero ¿cuándo piensa jubilarse?! Claro, que como es cura, sólo va a trabajar los domingos».

Ester, 6 años

Ella quiere tener un hermanito y las Navidades pasadas unos amigos de sus padres le dijeron que se lo pidiera a los Reyes Magos. Ester, desilusionada, contestó: «Es que no lo he visto en ningún catálogo...».

Óscar, 5 años

En el comedor del cole, la maestra vio llegar a la madre de Óscar y le dijo al niño: «Óscar, viene una mujer por ahí...». Óscar asomó la cabeza y respondió: «Ah, sí, es la mía».

Bruno, 3 años

Un día su tío le estaba contando un cuento: «Y entonces, la princesa besó a la rana y la rana se convirtió en un...». «No sé», contestó Bruno. «Te doy una pista: se convirtió en un prín...», le dijo su tío. Y Bruno dijo: «¡Pringao! ¡Se convirtió en un pringao!».

Marina, 5 años

Marina y su abuela estaban en la iglesia y ésta le dijo: «Vamos a rezar a Dios para que los papás y tu hermanito tengan salud». Marina le preguntó: «¿Dónde está Dios?». Su abuela señaló hacia el altar y le dijo: «Está en el cofre donde guardan las hostias sagradas». Y Marina cogió de la mano a su abuela y le dijo: «Anda, vámonos, que ahí no cabe ni mi hermano».

Mario, 4 años

Mario fue por primera vez al cine con el colegio. Cuando volvió a casa le preguntaron sus padres: «Mario, ¿qué has visto?». Y Mario contestó: «He visto teatro en una pared».

Coral, 7 años

«Papá, papá, ¿España está muy lejos de aquí?».

Biel, 3 años

Un día se fue de excursión con su madre a un pueblecito y entraron en una iglesia. Cuando Biel vio el Cristo en la pared le preguntó a su madre: «¿Quién es ése?». «Es Jesús», le respondió ella. Y entonces Biel sentenció: «Pues viene de la ducha, porque lleva todavía la toalla».

Diego, 6 años

El papá de Diego trabaja en un hospital en Cuenca. Un día no había ido a comer a casa porque tenía un almuerzo con sus compañeros y el presidente de Castilla-La Mancha. Cuando Diego llegó del cole le preguntó a su madre: «¿Y papá?». Su mamá respondió con sorna: «Tu papá es un chulín y se ha ido a comer con el presidente de Castilla-La Mancha». Diego se quedó flipando y dijo emocionado: «¡¿Con Don Quijote?!».

Jesús, 6 años

Jesús le preguntó un día a su padre: «Papa, ¿te has tirado un pedo?». «No, hijo», le respondió él. Y dijo Jesús: «Jo, pues cómo huelen los míos...».

Adrián, 5 años

Un día estaba con su padre y éste le preguntó: «Cuando seas mayor ¿me vas a seguir abrazando y besando así?». Y Adrián contestó: «Sí, pero recuérdamelo».

Eduardo, 4 años

Eduardo el otro día le dijo a su prima: «Cristina, voy a cumplir 7 años». «No, Eduardo, vas a cumplir cinco», le respondió ella. Y él se le acercó al oído y, muy bajito, le dijo: «Me los voy a saltar».

Ariana, 5 años

Ariana le dijo a su prima, de 19 años: «Tú eres vieja». «¿Y tú qué eres?», le preguntó la prima. Y ella contestó: «Yo soy una *florescente*».

Carlos, 3 años

Carlos fue una tarde a casa de su abuela, y ella le preguntó: «Carlos, ¿quieres una empanadilla de chocolate?». Y Carlos le contesto: «No, avísame cuando tenga hambre».

Marina, 8 años

Una noche su hermana de 16 años comentó en la cena: «Hoy nos han hecho una encuesta sobre sexualidad en el *insti*, y nos han preguntado cuántas veces hemos practicado el coito en el último mes». Marina preguntó muy interesada: «¿Y tú qué dijiste?». Su hermana, toda chulita, contestó: «¿Yo? Que todos los días». Marina se quedó pensativa unos instantes y de repente preguntó: «Y... ¿acertaste?».

Carla, 3 años

En la piscina Carla se acercó a una niña a la que no conocía. Ambas empezaron a merodear un rato por la piscina pero ninguna de las dos decía nada. Para intentar que se hicieran amigas su mamá llamó a Carla y le dijo: «Hija, habla con la niña». «¿Y qué le digo?», preguntó Carla. «No sé, pregúntale cosas del cole», respondió su mamá. Y entonces Carla se fue hacia la niña y le soltó: «Y tú, ¿con qué niño de tu clase te vas a casar?».

Hugo, 2 años y medio

Un día, al llegar a casa del trabajo, el papá de Hugo se encontró con que el niño se estaba portando un poco mal y la mamá estaba muy enfadada. Así que, con un tono un poco elevado, su papá le riñó. Y Hugo le contestó: «Tú no grites tanto, que acabas de llegar».

Frases célebres de niños 3

Gabriel, 3 años

Estaba paseando por el Palacio Real de Madrid con sus papás y ellos le iban diciendo: «Mira, aquí viven los Reyes, éstos son los jardines de los Reyes...». Y de repente, Gabriel vio una caca de caballo y preguntó: «Y esta caca... ¿también es de los Reyes?».

Pablo, 5 años

Estaba Pablo en su habitación con su tía y ella le dijo: «¡Ay, Pablo, me gusta tu habitación!». Y Pablo le respondió: «Pues a mí me gustan tus tetas».

Iván, 7 años

Escuchó en las noticias que la Bolsa de Nueva York se estaba recuperando, y dando un salto dijo: «¡Muy bien, así me gusta, que reciclemos!».

Alejandro, 5 años

Un día, viendo la tele, a Álex se le escapó un pedete y le dijo a su madre: «Mamá, los pedos tienen sentimientos». «¿Por qué dices eso, Álex?», le preguntó su madre. Y Álex respondió: «Pues porque se sienten al salir».

Guillermo, 3 años

Un día le preguntó a su padre: «Papá, y al niño Jesús ¿qué le han traído los Reyes Magos?». «Oro, incienso y mirra», le respondió él. Y Guillermo contestó, extrañado: «¿Por qué? ¿Es que no le gustan los Playmobil?».

Héctor, 3 años

Un día Héctor estaba cantando en casa y su madre le dijo: «Héctor, canta un poco más bajo, que papá está durmiendo». Y Héctor respondió: «Mamá, es que no tengo volumen».

Iván, 3 años

Iván estaba con su tía y se estaba portando muy mal. Entonces su tía le riñó: «Como sigas así, vas a ir al infierno». Y el niño contestó: «Pues vas a tener que venir conmigo, porque mi mamá no me deja ir solo a ningún sitio».

Nacho, 4 años

Hace poco bautizaron a su hermano en una ceremonia religiosa tradicional. Al cabo de unas semanas celebraron el bautizo de su prima y cuando fueron a entrar en la iglesia Nacho le soltó a su primo: «¡Ya verás qué aburrimiento el señor del librito!».

Antonella, 5 años

Antonella tiene hermanas mucho más mayores que ella. Un día, sus padres les estaban preguntando a sus hermanas mayores qué carrera querían estudiar. Al final le preguntaron también a Antonella: «¿Y tú? ¿Qué quieres hacer de mayor?». Y Antonella respondió: «¿Yo? ¡Salir de fiesta, como mis hermanas!».

Cristóbal, 6 años

Cuando vio por la tele a los independentistas catalanes quemando fotos de los Reyes de España, dijo: «Pero si esa foto la tiene mi *seño* en la clase. Yo creía que eran sus papás».

Juan Carlos, 6 años

Un domingo, al salir de misa, Juan Carlos se acercó a su padre y le dijo: «Papá, eso de que el cuerpo de Cristo esté en una galleta me lo tienes que explicar».

Unai, 2 años y medio

Una mañana, mientras estaba desayunando, le dijo a su madre: «Mamá, ¿me pones los dibujos?». «No, cariño, estás castigado sin dibujos», le contestó su madre. Unai se quedó pensando un momento y entonces preguntó: «Mamá... pues... ¿me pones las noticias?».

Adrián, 3 años

Un día entraron en un bar para que Adrián hiciera pipí. Coincidieron en la puerta del WC con una mujer que también quería entrar. La dejaron pasar primero y se quedaron esperando fuera. A Adrián la espera empezó a hacérsele larga y soltó: «¡Dios mío, igual se ha puesto a hacer caca!».

Mar, 4 años

Una tarde llegó del colegio y dijo: «Mamá, en el periódico del colegio salen Zapatero y Rajoy». «¿Y tú sabes quiénes son?», le preguntó su madre. Y Mar respondió: «¡Claro, los que bailan el Chiki Chiki!».

Marc, 3 años

El primer lunes después de cambiar el horario al de invierno, iba hacia el colegio en el coche a eso de las ocho de la mañana. Su madre, viendo que Marc estaba un poco pensativo y serio, le preguntó si estaba bien, y Marc le contestó: «Mami, o al sol hoy no le ha sonado el despertador o su mamá se ha dormido».

Frases célebres de niños 3

Diana, 6 años

Era invierno y hacía frío, su madre salió del baño y enseguida entró Diana, que llamó a su madre y le dijo: «Mamá, gracias por dejarme el váter calentito».

Jaime, 7 años

Iba paseando con su madre por la calle y vio un cartel en el que se denunciaba la desaparición de un perro y ponía «Se busca». Jaime, con los ojos bien abiertos de asombro, dijo: «¡Mamá, un perro ladrón!».

Xandro, 2 años

Estaba la mamá de Xandro riñéndole porque se quería subir al mueble del salón: «Xandro, baja ahora mismo de ahí que te vas a caer». Y Xandro, nada, seguía a lo suyo, y la madre le dijo otra vez: «Xandro, que bajes ahora mismo de ahí, ¿te lo tengo que decir en chino o qué?». Y Xandro que seguía sin hacer caso a su madre. Después de varias veces ordenándole a Xandro que se bajara, la madre le dijo por última vez: «Xandro, que bajes inmediatamente de ahí, hombre, ¿cómo te lo tengo que decir para que me hagas caso?». Y Xandro respondió: «En chino».

Ángel, 5 años

Ángel es un niño que está acostumbrado a ver las carreras de motos y a escuchar el himno nacional cuando un español sube al pódium. Un día estaba esperando en la puerta de una ermita la salida de una virgen. Cuando ésta salió, la banda de música comenzó a tocar el himno de España y Ángel le preguntó a su mamá: «Mamá ¿es que la Virgen ha sido campeona?».

Nicolás, 8 años

Iba Nicolás con su tía en el coche y ella le preguntó: «Nicolás, ¿qué le vas a pedir a Papá Noel?». Y él le respondió: «No lo sé tía... Pero mientras que no me traiga ropa...».

Javier, 3 años

Un día se estaba portando muy mal y su tía le dijo que si no se portaba bien Dios le iba a castigar. Javier le preguntó: «Y ¿dónde está? Yo no lo veo». «Está en el cielo», le contestó su tía. Al rato, salieron a la calle y Javier, mirando al cielo, dijo: «Será cabrón».

Virginia, 6 años

Su madre le preguntó un día qué quería ser de mayor. «Pues yo quiero ser zapatera», respondió Virginia. «Pero, cariño, si los zapateros ganan menos que los dentistas», le dijo su madre. Y Virginia, extrañada, le aclaró: «No, mamá, yo quiero ser zapatera del gobierno».

Rita, 8 años

Su madre le dijo una mañana al dejarla en el cole: «¡Eres la más guapa del mundo!». Y Rita le respondió: «Sí, claro... Pero ¿esto lo piensa todo el mundo... o sólo tú?».

Eduardo, 6 años

A Eduardo se le estaban cayendo los dientes de leche y un día se tragó uno sin querer. Fue llorando a su madre y le dijo: «Mamá, que me he tragado un diente». Su madre le contestó: «No pasa nada, hijo, eso luego lo echas por la caquita y ya está». Entonces, Eduardo, se puso a llorar más fuerte. «¿Qué pasa, hijo?», le preguntó su madre, sorprendida. Y Eduardo contestó, desconsolado: «¡Que me voy a morder el culo!».

Alba, 4 años

Estaba su madre aparcando en zona azul y Alba le dijo: «Mamá, dame el dinero para el ticket que quiero sacarlo yo». Al bajarse del coche su mamá le dio las monedas y Alba las metió en la máquina. Cuando salió el ticket, Alba lo cogió y, pegando la boca a la ranura por donde sale, dijo: «¡Gracias, hombrecillo, por escribir tan rápido!».

Emma, 8 años

Estaba Emma hablando con su madre sobre la edad de su abuela y su madre estaba calculando: «A ver, nació en el 50 y tiene, por lo tanto, 60 años». Y Emma dijo: «¿Antes o después de Cristo?».

Laura, 7 años

Hace dos veranos Laura estaba en las fiestas de su pueblo y fue con su familia a llevar las flores a san Bartolo. Mientras las colocaban, ella se fue con su tía a ver las cosas que había en la iglesia. Cuando vieron la cruz, Laura preguntó si era Jesús. Su tía le contestó que sí y después de un momento de reflexión, Laura dijo: «¡Pues está cachas!».

Alberto, 5 años

Estaba comiendo con sus padres y con los amigos y los hijos de éstos. Los niños estaban armando mucho jaleo y al final, uno de los padres dijo: «Callad ya, niños, que estáis dando mucho la paliza. ¿Es que no tenéis escrúpulos?». Y Alberto contestó: «Yo sí... y mucho más grandes que los tuyos».

Samuel, 4 años

Estaba Samuel cenando y no quería tomarse la leche y su padre le dijo: «Samuel, tómate toda la leche, porque si no, no vas a crecer y hacerte grande». Y Samuel se le quedó mirando y le dijo, en tono aburrido: «Papá... se crece con los años».

Héctor, 3 años

Yendo en el coche con su padre, vio pasar un coche patrulla de la Guardia Civil y gritó: «¡Papá, no corras, que te van a multar los *picólogos*!».

Jorge, 4 años

Jorge se tiró un pedo y su padre le dijo que en casa se los podía tirar, pero en la calle no. Y Jorge le preguntó: «¿Y si lo tiro a la papelera?».

Frases célebres de niños 3

Héctor, 5 años

Un día le preguntó a su madre: «Mamá, ¿tú estás casada?». «Claro, con el papá», le contestó ella. Y dijo Héctor, todo convencido: «Pues muy mal, porque no te puedes casar con nadie de la familia».

Ana, 4 años

Un día a Ana le tocó pasar el plato en misa y cuando luego lo estaban comentando en casa, ella exclamó: «¡Y yo tonta, no he cogido nada!».

Izan, 5 años

Estaba Izan haciendo una tarea escolar en la que tenía que relacionar una serie de actividades cotidianas con el sentido que se utilizaba en ellas. Después de estar su madre un buen rato explicándole cuáles son los sentidos y qué nos permiten hacer, volvieron a la tarea y le preguntó: «Entonces, Izan, ¿qué sentido utilizamos para ver la TV?». Izan, mirando a su madre todo serio y con cara de tener mucha paciencia, le respondió: «El sofá». «Pero, Izan, ¿cómo va a ser el sofá?», le preguntó su madre. A lo que Izan, igual de serio, respondió: «Pues el mando».

Pedro, 6 años

Pedro estaba viendo la tele y cuando salió un anuncio de la feria de San Isidro, le dijo a su madre: «Mamá, a mí me dan mucha pena los toros, porque los pinchan y eso». «A mí también, cariño», le respondió su madre. Pedro continuó: «Total, si ellos sólo quieren la mantita». «¿Qué mantita?», le preguntó su madre extrañada. Y Pedro le contestó: «Esa que lleva el torero...».

Diego, 5 años

Paseando por el campo, Diego encontró una hormiga de las gordas y dijo: «Mira, una hormiga reina», y entonces la pisó y la espachurró. Su padre le riñó: «Diego, ¿por qué has hecho eso?». Y Diego contestó: «He matado a la hormiga reina para que ahora las demás puedan hacer lo que quieran».

Pilar, 4 años

Estaba viendo una procesión de Semana Santa en Zaragoza y cuando terminó y los cofrades se quitaron los capirotes, Pilar dijo: «¡Anda, si son humanos!».

Noa, 3 años

Estaba visitando con sus padres una granja. Cuando vieron gallinas, su mamá le explicó que ellas ponían los huevos. Cuando vieron un cerdo, su mamá le explicó que del cerdo se sacaban los chorizos. Y entonces, Noa preguntó, flipada: «¿Y cómo pone los chorizos?».

Guillermo, 5 años

Guillermo un día le dijo a su abuelo Paco: «¿Sabes cómo me llamo? Me llamo Guillermo Mínguez Martínez». «Claro, Mínguez como tu papá y como el abuelo Pilo y Martínez como tu mamá y como yo», le dijo él. Y Guille, todo indignado, le respondió: «¡No vale! ¡Todos me copiáis los apellidos!».

Ainhoa, 5 años

Su padre se ha hecho hace poco una vasectomía. Un día Ainoha llegó del colegio y muy seria le dijo a su padre: «Les he contado a mis compañeros y a mi profe que te habías operado de los *huevetes* y mi profe me ha dicho que así no se decía...». «¿Cómo es entonces?», le preguntó su padre. Y Ainoha contestó: «A mi papá le han operado de los *tentáculos*».

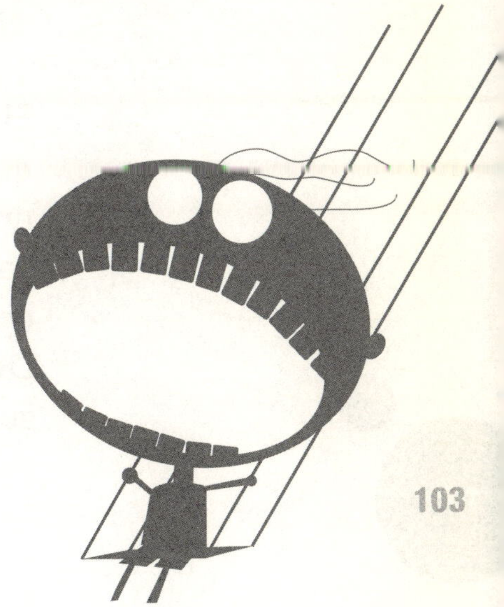

Víctor, 2 años

Un día le dijo a su madre: «Mamá, me sale aire por el culo». «No pasa nada cariño, eso es un pedo», le tranquilizó su madre. Y él, algo preocupado, le preguntó: «Pero, mamá, ¿me voy a desinflar?».

Frases célebres de niños 3

Guillermo, 5 años

Estaba Guillermo con su tía y ésta le presentó a un amigo: «Mira, Guille, este chico se llama Luis y es guardia civil, los Guardias son muy buenos y si te pierdes te ayudan». Y Guillermo se quedó mirando a Luis y le dijo: «¡Jo, qué suerte, si un día te pierdes te encuentras tú solo!».

Abraham, 5 años

El otro día su padre le enseñó una página de Internet en la que se veían efectos visuales muy curiosos. El último era una silueta que, tras mirarla fijamente cuarenta segundos, hacía que al mirar una pared y pestañear se viera a Jesucristo. Su padre le dijo que lo probara y mirara a la pared. De repente, exclamó: «¡Hostias!». «¿A quién ves?», le preguntó su padre. Y Abraham contestó: «¡Al Cigala!».

David, 5 años

Estaba su madre secándose el pelo en el baño y su hermana Paula estaba mientras entretenida sacando los *tampax* de la caja. De repente entra David en el baño y grita: «¡Mamá, ¿no ves que la niña te está sacando las pastillas del culo?!».

Manuel, 6 años

Un día en el salón viendo la tele con su madre, salió un anuncio de preservativos en el que se mencionaba la palabra orgasmo, y Manuel preguntó: «¿Mamá, que es un orgasmo?». «Pues... es una sensación de placer muy grande», le contestó ella. Y a Manuel sólo se le ocurrió decir: «Pues, mamá, cuando como tu pollo con patatas, ¡¡¡tengo cada orgasmo!!!».

Noa, 6 años

Estaba Noa con su padre en el Carrefour y él, señalándole la pescadería, le dijo: «¿Quieres pescado para cenar?». Y dice ella: «¿Yo? ¿Comerme algo con ojitos? ¡Ni en broma!».

Pepa, 3 años

Una tarde fue a misa con su abuela y cuando vio que se acababa la fila de comulgar y nadie le ofrecía nada, dijo: «¡Oye, abuela, que yo tampoco he cenado!».

Alejandro, 4 años

Estaba Alejandro jugando con su abuelo en el salón de casa y de repente se quedó mirando la foto de boda de sus padres y le dijo al abuelo: «Mira, ahí está mi papi». «Sí, y tu madre también», le contestó su abuelo. «Sí, mi mamá está disfrazada», comentó Alejandro. «¿Cómo que disfrazada?», le preguntó el abuelo, extrañado. Y Alejandro, lleno de razón, dijo: «Sí, ¿no la ves? Va disfrazada de fantasma».

Alba, 7 años

Hablando de la reproducción, soltó un día en clase: «Pues algunos mayores no quieren tener hijos y por eso toman *antibióticos*».

Andrés, 6 años

Su profesora le dijo un día, mirando un dibujo que había hecho Andrés: «¡Qué bonito te ha quedado, Andrés!». Y el niño le contestó: «Casi tanto como tus ojos, seño...».

Samuel, 3 años

Un día su tío Andrés le preguntó: «Samuel, ¿cuántos años tienes?». Samuel, mirándose la mano le enseñó tres dedos y dijo: «3 y un poquito». Su tío Andrés le preguntó entonces: «¿Y cuánto te falta para tener 4 años?». Samuel se volvió a mirar la mano y tras unos segundos respondió: «Un dedo».

Alberto, 3 años

Alberto estaba comiendo colines antes de la cena y como su madre le dijo que no le daba más, le entró una rabieta pidiendo una y otra vez más colines. Su madre, harta, le dijo: «Chúpate el dedo». Y Alberto, llorando, contestó: «Es que no sabe a nada».

José, 4 años

José está deseando cumplir 5 años. Un día le dijo a su mamá: «¿Sabes que ya mismo voy a cumplir 5 años?». «Sí el 22 de febrero», le contestó ella. Y José, todo disgustado le dijo: «¡Noooooo, ese día era cuando cumplí 4 años!».

Tábata, 8 años

En el cole le han dicho que los bebés nacen de una semilla que ponen los papás. Y un día le dijo a su padre, que tiene cinco hermanos: «Tu padre era jardinero, ¿no? Porque tenía muchas semillas...».

Míriam, 4 años

Un amigo de sus padres le preguntó: «¿Quién eres tú?». Y Míriam le respondió muy seria: «La hija de estos dos».

Celia, 5 años

Una noche, después de ver unos fuegos artificiales, preguntó, mirando al cielo: «¿Quién se va a subir a limpiar todo eso?».

Carlos, 6 años

Al ver a los niños vestidos de comunión, Carlos le preguntó a su madre qué era eso. Su madre, sin saber muy bien cómo resumírselo, le dijo: «Es un día en que vamos a la iglesia y tú dices que sí, que quieres ser cristiano». Entonces, Carlos, muy enfadado, contestó: «Mamá, yo no quiero hacer la comunión, yo no quiero ser cristiano... ¡Yo soy valenciano!».

Javier, 4 años

Javier un día desordenó todos sus juguetes y su madre le dijo que hasta que no los recogiera no le haría caso. Después de un rato llorando, Javier dijo: «Mamá, como no me quieras, me busco a otra señora».

Samuel, 3 años

Un día su madre se estaba acabando de arreglar, apareció Samuel en el baño y le dijo a su madre, sonriendo: «Mamá, *padeces* una *mujed*».

Mar y Lucía, 8 y 5 años

Mar y Lucía se habían enfadado con su mamá, y más tarde, mientras estaban en la bañera jugando, Lucía le dijo a Mar: «Mar, estaríamos mejor sin mamá, ¿verdad?». A lo que Mar respondió: «¡Noooo!, si no estuviera mamá te morirías». Lucía, un poco asustada, le preguntó: «Pero ¿por qué?». Y Mar contestó: «Pues porque mamá es la que te cuida de verdad, los papás sólo están de apoyo».

Andrea, 2 años y medio

Una mañana, cuando su papá se marchaba a trabajar, ella empezó a llorar y a pedirle que no se fuera. Su madre le dijo: «Mira, papá se tiene que ir a trabajar para conseguir dinero para comprar los yogures que tanto te gustan, y la leche...». Entonces, Andrea, sin dejarla acabar, añadió: «Y gambas, mamá, y gambas...».

Dani, 5 años

Un día Dani y su madre iban paseando por la calle y se encontraron con un señor negro y la madre le dijo: «Mira, Dani, ése es el médico que me atendió durante el parto cuando tú naciste». A los pocos días, en la piscina, estaba la familia reunida con su grupo de amigos y una de las señoras le dijo a Dani: «¡Qué moreno estás! ¿A quién sales tú tan morenito?». Y Dani le contestó: «Es que mi madre me tuvo con un médico negro».

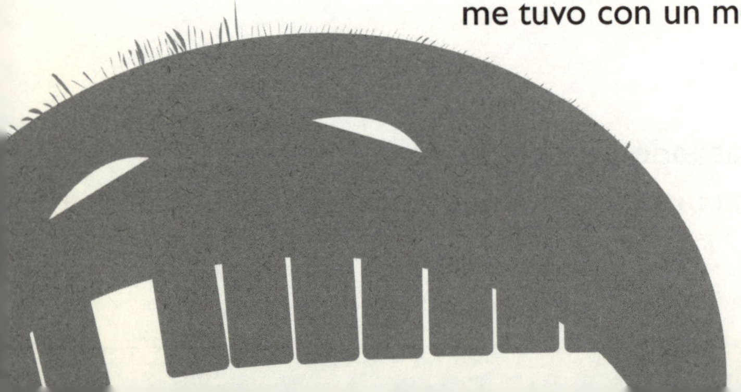

Fabián, 3 años

Estaba su madre en el cuarto de baño y la caja de tampones estaba encima del lavabo. Llego Fabián y abrió uno y entonces se quedó pensando y le dijo a su madre: «¡Mamá, tus supositorios tienen cuerda! ¡Los míos no!».

Diego, 3 años y medio

Diego estornudó y su madre y su padre dijeron: «Jesús». Y Diego se dio la vuelta y dijo: «No, no, he sido yo solo».

Lorena, 5 años

Un día Lorena entró en el váter y su padre estaba haciendo pis. Le miró el pene y dijo: «Papi, ¿a mí cuándo me va a salir la chufa?».

Natalia, 5 años

Natalia iba con su padre en el coche. Él hablaba por teléfono mientras conducía y ella le dijo enfadada: «Papá, no puedes hablar por teléfono mientras conduces. Tienes que usar el *manos sueltas*».

Iván, 4 años

Hace poco, Iván se puso enfermo del estómago, con diarrea y vómitos. Sus padres lo llevaron al médico, y tras diagnosticar un proceso vírico, el médico se dirigió a Iván diciéndole: «Iván, lo que tienes es un virus que te ha hecho daño en la barriguita, y para curarte no puedes comer chuches, ni dulces, ni bollos, no puedes tomar leche, ni yogures...». Entonces Iván miró al médico con cara triste y le dijo: «¿Tampoco puedo ver los dibujos animados?».

Hugo, 6 años

A Hugo le estaba costando empezar las sumas que le había puesto su madre, y ésta desde la cocina le dijo: «Vale, Hugo, empieza y ve diciéndome cuántas sumas llevas: llevo una, llevo dos, etc.». Y Hugo, al cabo de unos segundos, le contestó: «Vale, mami, llevo cero».

Adrián, 2 años y medio

Un día para cenar su madre sirvió unas lonchas de jamón york. Entonces Adrián cogió una loncha, la miró con detenimiento y preguntó: «Dime, mamá, ¿está muerto?».

Cristina, 4 años

Estaba viendo la tele y salió una chica embarazada. Cristina le preguntó a su madre: «Mamá, ¿yo también estaba en tu tripa?». «Sí, hija, también», le contestó su madre. «Y cuando estaba ahí, ¿qué comía?», le siguió preguntando Cristina. «Pues lo mismo que comía yo, comías tú», le respondió su madre. Y Cristina, con cara de asco, dijo: «¡Puag, todo chupado!».

Juan, 7 años

Todos los días, cuando su padre llega del trabajo, le pregunta cómo le ha ido el día, y su padre le contesta casi siempre que bien. Una tarde llegó a casa su padre y cuando Juan le preguntó qué tal le había ido el día, éste respondió: «Ha sido un día duro». Y entonces Juan le dijo: «Muchas restas con llevadas, ¿eh?».

Paula, 8 años

«Mamá, ¿por qué no puedes tener más hijos?», le preguntó Paula a su madre. «Porque tu padre está operado», le contestó su madre. Y ella dijo, sin entender: «¿Y qué tiene que ver papá para que tú tengas hijos?».

Adrián, 5 años

Estaba Adrián con su padre viendo la tele y salieron unos chicos con los abdominales como tabletas de chocolate, y él, mirándose la barriguita típica de un niño de 5 años, le dijo a su padre, todo compungido: «Papá, ¿dónde tengo yo escondido eso?».

Raquel, 5 años

Estaba viendo un reportaje sobre monos. En eso que salió uno de ellos pelando un plátano, y Raquel le preguntó a su madre: «Mamá, ¿por qué el mono pela el plátano, si ya sabe qué hay dentro?».

Marc, 5 años

El verano pasado fue de vacaciones a Galicia con sus padres y cuando vio unas vacas en el campo, después de observarlas un rato, dijo todo contento: «¡Ahora lo entiendo... las vacas blancas hacen leche, y las vacas marrones, el colacao!».

Aitana, 5 años

A Aitana le encantan las princesas. Un día en una peli que estaba viendo con su madre salieron dos chicos dándose un beso, y Aitana preguntó: «Mama, ¿los chicos se pueden casar entre ellos?». «Sí, cariño, los hombres se pueden casar. De hecho, tus tíos están casados». Aitana se quedó un rato pensando en silencio y de repente preguntó: «Entonces, mamá, ¿quién es la princesa?».

Adrián, 6 años

Cuando volvían de vacaciones pararon en una gasolinera y había un coche de la Policía Local. Adrián le dijo a su hermano pequeño: «Daniel, ¿sabes por qué se llama Policía Local?». «No lo sé, ¿por qué?», le preguntó su hermano. Y Adrián le respondió: «Porque es la policía del pueblo. Si fuera la policía de otro pueblo seria *policía visitante*».

Manuel, 3 años

Una noche, durante la cena, preguntó a su mamá: «Mami, ¿puedo beber *Pepsi* de tu vaso?». La madre respondió: «No, que es de noche y luego no duermes». Manuel volvió a preguntar: «¿Podemos jugar a papás y mamás?». La madre, un tanto desconcertada, le dijo: «Bueno, ¿quieres ser tú el papá?». Y Manuel respondió: «No, yo soy la mamá y ése es mi vaso de *Pepsi*».

Olga, 6 años

Al salir un día de un restaurante chino, Olga cogió la cuenta y, después de analizarla detenidamente, le preguntó a su padre: «¿Papá, qué es lo que "*iva* incluido"?».

Alba, 4 años

Su gata *Mía* estaba en celo y eran insoportables los maullidos que daba. Alba le preguntó a su madre: «Mamá, ¿qué le pasa a la gata?». «Pues que está con el celo», le contestó su madre. «¿Y eso qué es, mamá?», le preguntó Alba. «Pues que quiere un novio, y como no lo encuentra, se pone nerviosa», le respondió. Alba, entonces, se quedó pensativa y dijo: «¿Y tú también te ponías así cuando buscabas novio?».

Samara, 3 años

Estaba con sus padres en el chalé de sus abuelos y se tenían que marchar a casa. Samara dijo: «Yo no me voy». «Pero si mañana tienes cole, y si no vas, ¿qué van a hacer tus amigos sin ti?», le preguntó su abuelo. Y Samara, toda seria, le respondió: «Ah, pues... que se apañen».

Noelia, 5 años

Una mañana se levantó toda feliz porque el Ratoncito Pérez había venido a por su diente. En el desayuno le preguntó a su madre: «Mamá, ¿cómo sabe el Ratoncito Pérez que se me ha caído el diente?». «Porque el Ratoncito Pérez lo sabe todo, igual que los Reyes Magos», le respondió su madre. Noelia, que no pareció muy convencida, se quedó un rato pensando y de repente dijo: «¡Hombre, pues claro, lo sacan de Internet!».

Frases célebres de niños 3

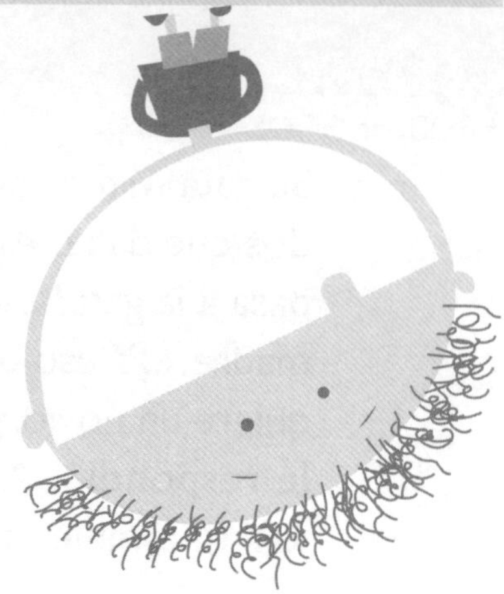

Lili, 8 años

Iba con su tía al cumpleaños del abuelo y Lili le preguntó: «Tía, ¿cuántos años cumple el abuelo?». «Ochenta», le dijo su tía. Y Lili contestó: «Anda, pues sí que está durando».

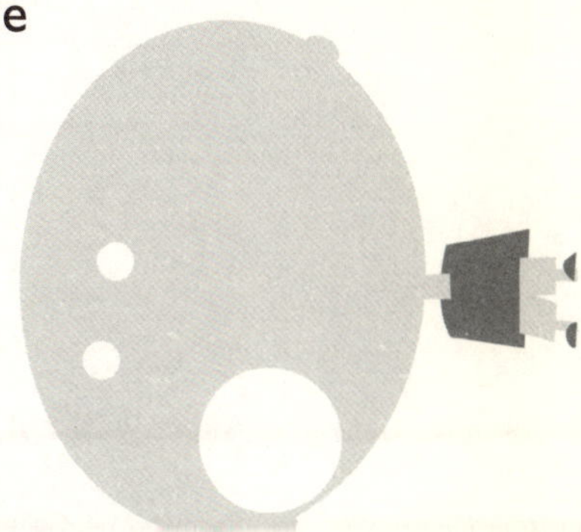

Giuliano, 6 años

Giuliano tiene por costumbre solucionar los problemas con su madre dándole a ella un besito en los labios. Un día su madre estaba tan enfadada por lo que había hecho, que le dijo: «¡Y ahora el piquito dáselo a tu padre!». Y el niño miró a su papá y respondió: «¡Jooooo, pero él no tiene tetas!».

Marcos, 4 años

Se levantó un día con carita de enfermo y le dijo a su madre: «Mamá, creo que estoy malito...». «¿Qué te pasa?», le preguntó ella. Y Marcos respondió: «Creo que tengo la *Crisis A*».

Alaitz, 10 años

Alaitz llegó del cole con el examen de lengua y, enseñándoselo a su mamá, dijo: «Mira, mamá, qué bien lo he hecho». Su madre empezó a mirar el examen y se fijó en una pregunta en la que a Alaitz le pedían que hiciera una frase con el antónimo de sano, y Alaitz había escrito: «Ayer comí grasa».

Zoe, 7 años

Zoe estaba con su prima Cris hablando de la comunión, y ésta le preguntó a Zoe: «Zoe, ¿tú vas a hacer la comunión?». Y Zoe contestó: «No, yo no puedo, porque no estoy vacunada».

Andrea, 5 años

Andrea tiene mucho miedo a las avispas porque le han picado en dos ocasiones, y todo bicho que ve volando se imagina que es una avispa. Un día estaba desayunando en la terraza de su casa, y empezaron a llegar moscas. Ella empezó a decir que tenía miedo, que le iban a picar las avispas. Sus padres le dijeron que no tuviera miedo, que eran moscas, pero ella, que no estaba nada convencida, dijo: «Sí, ya, y si son avispas disfrazadas de moscas, ¿qué?».

Kevin, 5 años

El otro día estaba ayudando a su madrina a limpiar la casa. Él estaba limpiando las mesitas de noche de una habitación y le dice todo serio a su madrina enseñándole el paño del polvo: «Mira, madrina, ya tenía falta de limpiar, el paño está tan sucio como las bragas de todo un día».

Mateo, 5 años

Mateo vive en Uruguay y sus tíos en España. Un día su madre le comentó: «El año que viene vamos a ir a España a ver a los tíos». Y Mateo le preguntó: «¿Y nos vamos a quedar a dormir?».

Brian, 6 años

Un día estaba Brian en el parque con su mamá y un amiguito. El amigo tenía bronquitis y respiraba ronco y Brian le dijo a su madre: «¡Mira qué bonico! ¡Cómo ronronea!».

Carmen, 5 años

Carmen estaba con su madre esperando a que el semáforo se pusiera en verde para cruzar y al lado había un hombre chino con su hijo. El señor le dijo a su hijo, en español: «Dame la mano». Carmen, sorprendida, le preguntó a su madre: «Mamá, ¿tú entiendes chino?». «No», le contestó. Y Carmen, toda orgullosa, dijo: «Yo sí. Ese señor le ha dicho a su hijo que le dé la mano».

Alejandro, 4 años

Estaba en el bautizo de su primo Pablo y cuando el cura estaba bendiciendo el agua Pablo se puso a llorar y Alejandro le dijo: «Pablo, no llores, que yo me ducho todos los días y no me pasa nada».

Adriana, 3 años

Adriana es una investigadora del idioma. Le gustan mucho las palabras. Recientemente ha descubierto la expresión *hasta la fecha*. Cuando juega, por lo bajini dice «hasta la fecha». El otro día se levantó, corrió a la cama de sus padres y, en vez de buenos días, dijo: «Mamá, ¿a que soy buena? Hasta la fecha».

Frases célebres de niños 3

Jorge, 6 años

Estaba Jorge de excursión en un parque natural donde se exponían dinosaurios en grandes maquetas. Una señora que estaba en la excursión preguntó: «¿Cómo habrán descubierto hace cuántos años existieron los dinosaurios?». Y Jorge contestó convencido: «Pues porque lo han buscado en Internet».

Laura, 2 años

Estaba en la cocina con sus padres sentada en su trona esperando la cena y en la tele salió un cantaor flamenco. Laura preguntó: «Mamá, ¿qué le pasa a ese nene? ¿Le duele la cabeza?».

Gorka, 6 años

Preocupada por sus avances escolares, su mamá preguntó a Gorka: «Gorka, hijo, ¿qué tal vas en la *ikastola*? ¿Has mejorado?». «No, *ama*, no creas, no voy tan bien», respondió él. «Tú sabes que prefiero que estés entre los primeros que entre los últimos», le dijo su madre. Y Gorka respondió: «Sí, *ama*, pero no te preocupes, que de entre los últimos, yo soy de los primeros».

Luciano, 9 años

En el cole, en un examen de Conocimiento del medio una de las preguntas era: «¿Qué seres vivos no se pueden ver?». La respuesta de Luciano fue: «Un dinosaurio detrás de un árbol».

Abraham, 5 años

Iba con su madre camino del cole y de repente su mami se tiró un pedo. Abraham preguntó: «Mamá, ¿has sido tú?». «No», contestó ella. Y entonces, Abraham, asustado, dijo: «¿No? Pues corre que hay un monstruo».

Adolfo, 3 años

Adolfo está aprendiendo a reconocer los colores. Un día su papá le dijo: «Papá tiene los ojos de color azul, mamá tiene los ojos de color marrón y tú tienes los ojos como mami. ¿De qué color tienes los ojos?». Y Adolfo contestó: «Color mamá».

Leyre, 2 años y medio

Su madrina le regaló un juego de funda nórdica para su cuarto nuevo y le dijo: «Ahora ya lo puedes lavar y ponerlo en la cama». Y entonces Leyre preguntó, extrañada: «¿Y por qué me haces un regalo sucio?».

Jaime, 7 años

Jaime preguntó a su madre: «¿Qué día nací yo?». Su madre contestó: «El 7 de octubre». Y Jaime dijo: «¡Sí, hombre, y va a coincidir con mi cumpleaños!».

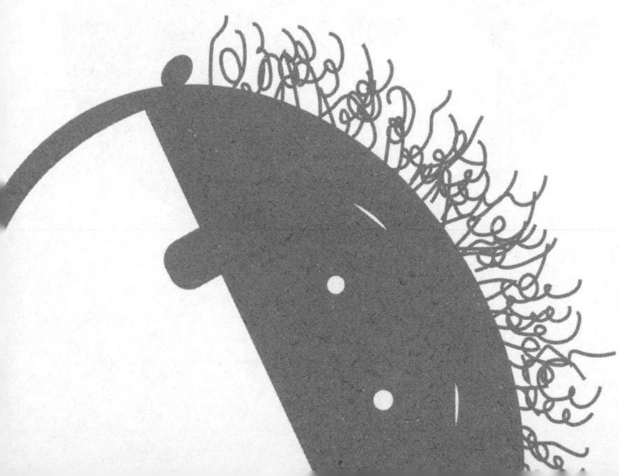

Xandro, 2 años

Estaba Xandro dándose un baño y de repente entró su padre todo apurado y se puso a vomitar. Xandro, al oír a su padre vomitando se asustó, se agarró al cuello de su madre y llorando le dijo: «Mamá, mamá, ¿papá ha explotado?».

Aitana, 5 años

Un día le preguntó Aitana a su madre: «¿Qué son agujetas?». «Es un dolor que tienes en el cuerpo cuando haces deporte y no estás muy acostumbrado», le respondió su mamá. Aitana miró a su madre y extrañada le preguntó: «¿Y cuando tienes pedos?». «Eso son gases», contestó su madre. Y entonces Aitana dijo: «Eso, eso tengo, no agujetas».

Rubén, 5 años

Estaba Rubén jugando con su madre. Ella estaba dando vueltas sobre sí misma con él en brazos, y Rubén le dijo: «¡Mamá, para, que me mezclas!».

Claudia, 3 años

Era febrero e iba en el coche con sus padres, cuando pasaron por delante de un puticlub. Claudia dijo: «Anda, mamá, se les ha olvidado quitar las luces de Navidad».

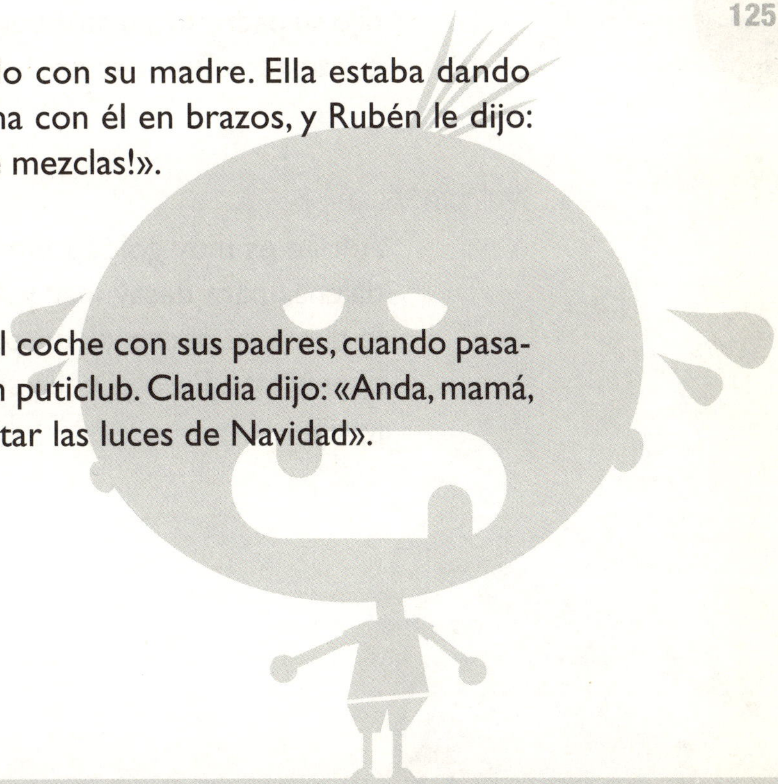

Jacobo, 8 años

«¿Tú que quieres ser de mayor?», le preguntó su madre. Y Jacobo contestó: «Yo, hippy jubilado».

Mirella, 2 años

Saliendo de Ikea una de sus hermanas dijo: «¡Quiero comer!». El padre de Mirella dijo: «¡Chicas, que levante la mano quien se apunta a comer un perrito!». Todos levantaron la mano y Mirella dijo bien claro: «¡Pero el mío que esté bien muerto!».

Uxue, 2 años

Estaba en la habitación de sus padres mientras éstos se ponían el pijama. Cuando su mamá se quitó el sujetador, dijo su padre: «La mamá tiene las tetas grandes, ¿eh?». Y Uxue contestó: «Grandes no, largas».

Adrián, 6 años

Adrián es muy goloso. Un día su padre compró unas magdalenas para desayunar y Adrián, que las probó enseguida, le dijo a su padre: «Papi, prueba las magdalenas, que están buenísimas. Pero prueba sólo una porque las demás saben igual».

Juan, 9 años

«¿Qué es ser gótico?», le preguntó Juan un día a un amigo suyo. «Las personas que visten de negro», contestó su amigo. Y dijo Juan: «Entonces mi abuela es gótica».

Pedro, 2 años y medio

Un sábado por la mañana estaba Pedro viendo un programa de animales con su madre y de repente apareció en pantalla un semental montando a una yegua. Extrañado, Pedro preguntó: «Mamá, ¿qué hacen los caballitos?». Su madre, para evitar el bombardeo de preguntas, respondió: «Están jugando al *pilla, pilla*». Y después de quedarse pensativo unos segundos, dijo Pedro: «¡Jo, pues la ha pillado bien, bien!».

Diego, 4 años

Diego copia muchas cosas de las que hace su hermano mellizo, Samuel. Un día su padre le preguntó: «Si tu hermano se tira a un pozo, ¿tú también te tiras?». Y Diego contestó: «Sí, papá, ¡para salvarlo!».

Luis, 6 años

Jugando a eso de adivinar las películas le dijo su madre al oído: «Spiderman». Se fue dispuesto a hacer la mímica correspondiente, pero se le ocurrió algo, se volvió hacia su madre y le preguntó en voz baja: «¿Pero el I o el II?».

Jimena, 2 años

Jimena fue hace poco a ver a su tía al trabajo. La niña vio que una de las compañeras llevaba corrector dental y después de observarla un rato, le preguntó: «¿Por qué llevas una pulsera en los dientes?».

Idaira, 3 años

Estaba con sus papás en la habitación y le dijo a su madre de repente: «Mamá, tengo un moco pegado en el dedo». «Dámelo», le dijo su madre. Y ella contestó indignada: «Lo tienes claro, el moco es mío».

Aroa, 4 años

Estaba con sus padres en misa escuchando muy atentamente al cura, y después de un rato se dio la vuelta y dijo: «Papá, todo lo que está diciendo es mentira, ¿no?».

Claudia, 5 años

«Jo, hoy es el peor día de mi vida... y ya llevo tres seguidos».

Adrià, 5 años

Estaba con su madre viendo la película *Las crónicas de Narnia: el príncipe Caspian*, en la cual hay una escena donde los cuatro hermanos junto con un enano buscan un camino, y una de las hermanas comenta que no se acuerda del camino y su hermano mayor dice que las mujeres no tienen sentido de la orientación, y la niña responde: «Y vosotros no sabéis hacer dos cosas a la vez». Adrià, cuando lo oyó, muy sorprendido, le preguntó a su madre: «¿Por qué dice que los hombres no saben hacer dos cosas a la vez?». «Son cosas que se dicen», le contestó su madre. Y todo convencido dijo: «Mamá, eso no es verdad, sí sabemos hacer dos cosas a la vez: pipí y caca».

Marta, 3 años

Estaba jugando a los médicos con su tía y le dijo: «Doctor, doctor, creo que mi hijo me lo ha pegado. Tenemos la *celulitis*».

José, 3 años

Un día llegó José del cole y le dijo a su madre: «Mamá, ¿quieres que te diga el abecedario?». «Claro», le dijo su madre sorprendida. Y José dijo: «Mira, mamá: A, B, C, DA, RIO».

Este libro
se terminó de imprimir
en los talleres gráficos
de Gráficas Rógar, S.A., (Navalcarnero, Madrid)
en el mes de noviembre de 2010

Aguilar es un sello del Grupo Santillana
www.librosaguilar.com/es

Argentina
Av. Leandro N. Alem, 720
C 1001 AAP Buenos Aires
Tel. (54 11) 41 19 50 00
Fax (54 11) 41 19 50 21

Bolivia
Calacoto, calle 13, n° 8078
La Paz
Tel. (591 2) 279 22 78
Fax (591 2) 277 10 56

Chile
Dr. Aníbal Ariztía, 1444
Providencia
Santiago de Chile
Tel. (56 2) 384 30 00
Fax (56 2) 384 30 60

Colombia
Calle 80, nº 9 - 69
Bogotá
Tel. y fax (57 1) 639 60 00

Costa Rica
La Uruca
Del Edificio de Aviación Civil
200 metros Oeste
San José de Costa Rica
Tel. (506) 22 20 42 42
y 25 20 05 05
Fax (506) 22 20 13 20

Ecuador
Avda. Eloy Alfaro, N 33-347
y Avda. 6 de Diciembre
Quito
Tel. (593 2) 244 66 56
Fax (593 2) 244 87 91

El Salvador
Siemens, 51
Zona Industrial Santa Elena
Antiguo Cuscatlán -
La Libertad
Tel. (503) 2 505 89
y 2 289 89 20
Fax (503) 2 278 60 66

España
Torrelaguna, 60
28043 Madrid
Tel. (34 91) 744 90 60
Fax (34 91) 744 92 24

Estados Unidos
2023 N.W. 84th Avenue
Miami, FL 33122
Tel. (1 305) 591 95 22
y 591 22 32
Fax (1 305) 591 91 45

Guatemala
7ª Avda. 11-11
Zona nº 9
Guatemala CA
Tel. (502) 24 29 43 00
Fax (502) 24 29 43 03

Honduras
Colonia Tepeyac Contigua
a Banco Cuscatlán
Frente Iglesia Adventista
del Séptimo Día,
Casa 1626
Boulevard Juan Pablo
Segundo
Tegucigalpa, M. D. C.
Tel. (504) 239 98 84

México
Avda. Universidad, 767
Colonia del Valle
03100 México D.F.
Tel. (52 5) 554 20 75 30
Fax (52 5) 556 01 10 67

Panamá
Vía Transísmica,
Urb. Industrial Orillac,
Calle segunda,
local 9
Ciudad de Panamá
Tel. (507) 261 29 95

Paraguay
Avda. Venezuela, 276,
entre Mariscal López
y España
Asunción
Tel./fax (595 21) 213 294
y 214 983

Perú
Avda. Primavera 2160
Santiago de Surco
Lima 33
Tel. (51 1) 313 40 00
Fax (51 1) 313 40 01

Puerto Rico
Avda. Roosevelt, 1506
Guaynabo 00968
Tel. (1 787) 781 98 00
Fax (1 787) 783 12 62

República Dominicana
Juan Sánchez Ramírez, 9
Gazcue
Santo Domingo R.D.
Tel. (1809) 682 13 82
Fax (1809) 689 10 22

Uruguay
Juan Manuel Blanes, 1132
11200 Montevideo
Tel. (598 2) 410 73 42
Fax (598 2) 410 86 83

Venezuela
Avda. Rómulo Gallegos
Edificio Zulia, 1º
Boleita Norte
Caracas
Tel. (58 212) 235 30 33
Fax (58 212) 239 10 51